LINSEN BOHNEN ERBSEN UND CO.

– Das Hülsenfrüchte-Kochbuch –

Publisher Mike Sanders
Designer William Thomas
Editor Alexandra Andrzejewski
Art Director Nigel Wright
Food Stylist Tami Hardeman
Photographer Helene Dujardin

First American Edition, 2021
Published in the United States by
DK Publishing, 1450 Broadway, Suite 801, New York, NY 10018

Für die deutsche Ausgabe:
Projektbetreuung Julia Sommer
Herstellungskoordination Claudia Rode
Herstellung Stefanie Staat

Titel der englischen Originalausgabe:
The Bean Cookbook. Creative recipes for every meal of the day

Übersetzung Wiebke Krabbe
Lektorat Anna Gülicher-Loll

ISBN 978-3-8310-4404-7
5902-323085-22530-04

Druck und Bindung C&C Offset Printing, China

MIX
Papier | Fördert gute Waldnutzung
FSC® C018179

www.dk-verlag.de

TAMI HARDEMAN

LINSEN BOHNEN ERBSEN UND CO.

– Das Hülsenfrüchte-Kochbuch –

150 kreative Rezepte mit Proteinpower

DK

INHALT

EINLEITUNG

GESUND & SÄTTIGEND

Bohnen, Linsen, Erbsen und Kichererbsen zählen alle zu den Hülsenfrüchten. Als nährstoffreiche, sättigende Lebensmittel spielen sie in der Kochtradition vieler Länder eine Hauptrolle. Sie schmecken köstlich, und sie zu essen ist außerdem nachhaltig.

GRUNDNAHRUNGSMITTEL

Bohnen, Linsen, Erbsen und Kichererbsen gehören zu den Pflanzen, deren essbare Samen in Hülsen oder Schoten heranwachsen. Manche können frisch geerntet werden, aber die meisten lässt man ausreifen und in den Hülsen trocknen. Die getrockneten Samen sind preiswert, lange haltbar und liefern wertvolle pflanzliche Proteine. Nachdem sie eingeweicht und gekocht wurden, kann man sie für die verschiedensten herzhaften und süßen Gerichte verwenden, von Suppen und Eintöpfen über Pürees bis zu Gebäck. Für Vegetarier und Veganer sind sie eine wichtige Proteinquelle, aber auch Fleischfans schätzen ihren Nährwert und Geschmack.

KERNGESUND

Weil Hülsenfrüchte reich an Vitaminen und Mineralien sind, wird angenommen, dass sie zahlreichen Krankheiten vorbeugen und die Lebenserwartung erhöhen können. Sie enthalten außerdem wichtige Ballaststoffe und Proteine, liefern also anhaltend Energie und regulieren den Cholesterinspiegel. Bei Bohnen, Kichererbsen, Erbsen und Linsen machen Proteine 20–25 % des Gewichts aus. Das ist deutlich mehr als in anderen beliebten pflanzlichen Proteinquellen wie Spinat und Quinoa. Darum sind sie vor allem für Vegetarier und Veganer attraktiv. Getrocknete Hülsenfrüchte enthalten außerdem wertvolle Mineralstoffe wie Eisen, Kalium, Zink und Mangan, die für die allgemeine Gesundheit eine wichtige Rolle spielen.

SO GESUND!

Herzgesundheit
Cholesterinfrei und fettarm, senken das Risiko für Herzerkrankungen.

Energie
Reich an Eisen, das für den Transport von Sauerstoff zu den Zellen benötigt wird.

Starke Knochen
Mangan und andere wichtige Nährstoffe für eine gesunde Knochenstruktur.

Darmgesundheit
Reich an Ballaststoffen und Präbiotika, die die Verdauung auf natürliche Weise regulieren.

Gehirnfunktion
Stärken durch den hohen Folsäuregehalt (Vitamin B_9) die geistige und psychische Gesundheit.

Gewichtsregulierung
Enthalten Aminosäuren, die den Stoffwechsel anregen, und lösliche Ballaststoffe, die lange sättigen.

Blutzuckerkontrolle
Komplexe Kohlenhydrate geben Glukose langsam ab und regulieren den Insulinspiegel.

GERINGERER WASSERVERBRAUCH

Hülsenfrüchte sind an trockenes Klima angepasst und benötigen weniger Wasser als viele andere Nutzpflanzen. Werden statt Fleisch deutlich mehr Hülsenfrüchte gegessen, wird in der Landwirtschaft deutlich weniger Wasser als für die Viehhaltung verbraucht. Hülsenfrüchte ziehen das Wasser für ihr Wachstum – anders als viele andere Pflanzen – aus den oberen Erdschichten, sodass Feuchtigkeit in tieferen Schichten für die Kulturen der folgenden Jahre erhalten bleibt.

Wasserbedarf
Der Anbau von Hülsenfrüchten ist wesentlich nachhaltiger als die Viehhaltung. Für Rindfleisch wird 43-mal mehr Wasser benötigt als für Hülsenfrüchte.

SICHER UND BEZAHLBAR

Viele Menschen können es sich nicht leisten, täglich Milchprodukte, Fleisch oder Fisch zu essen. Getrocknete Hülsenfrüchte sind preisgünstig, gesund und nährstoffreich, außerdem können sie monate- oder jahrelang gelagert werden, ohne dass ihr Nährwert abnimmt. Vor allem in Entwicklungsländern sind sie für Bauern wichtige Ertragspflanzen, denn sie erzielen mit Hülsenfrüchten zwei- bis dreimal höhere Preise als mit Getreide. Durch die Weiterverarbeitung werden Arbeitsplätze geschaffen.

GUTE KOHLENSTOFFBILANZ

Zur Nahrungsproduktion wird Energie benötigt, die Treibhausgase erzeugt. Hülsenfrüchte sind umweltfreundlicher als andere Nutzpflanzen, weil sie ohne Stickstoffdünger auskommen. Zur Herstellung solcher Düngemittel wird viel Energie benötigt, außerdem werden Stickoxide frei, deren Beitrag zur Erderwärmung fast dreimal so hoch ist wie der von Kohlendioxid.

HÖHERE ERTRÄGE

Bauern in aller Welt wissen, wie wichtig Hülsenfrüchte für die nachhaltige Landwirtschaft sind. Schmetterlingsblütler, zu denen die Hülsenfrüchte gehören, besitzen die einzigartige Fähigkeit, Stickstoff aus der Luft im Boden zu binden. Außerdem hinterlassen sie Stoffe, die Schädlinge und Krankheiten bekämpfen. Sie verbessern also den Boden, sodass die Folgepflanzen bessere Erträge bringen.

BOHNEN

Es gibt viele Sorten von getrockneten Bohnen, und es ist ein Genuss, sie zu entdecken. Probieren Sie auch einmal ungewöhnliche und exotische Sorten, um verschiedene Aromen und Texturen kennen zu lernen.

PERLBOHNEN

Auch Haricotbohnen oder kleine weiße Bohnen

Sie sind klein und cremig-zart, oval und etwas abgeflacht, ideal für Baked Beans, Suppen, Dips und Aufstriche. Neben herzgesunden Proteinen liefern sie viele Ballaststoffe, die den Blutzuckerspiegel stabil halten.

AUGENBOHNEN

Auch Kuhbohnen, Schwarzaugenbohnen und Schlangenbohnen

Die Augenbohnen, die weltweit gedeihen, haben ungekocht um den Nabel herum ein schwarzes »Auge«. Sie schmecken in Salaten, Reisgerichten und Suppen und passen gut zu kräftigen Aromen.

ADZUKIBOHNEN

Auch Azuki, Asuki oder rote Sojabohnen

Mit ihrem lieblichen, milden Geschmack ist sie für süße Rezepte ideal: Viele aisatische Desserts und Süßigkeiten enthalten Adzukibohnenpaste. Wie die schwarzen Bohnen kann man sie für Suppen und Chilis verwenden.

PINTOBOHNEN

Auch Wachtelbohnen oder gesprenkelte Bohnen

Pinto bedeutet im Spanischen »gemalt«. Die mittelgroßen Bohnen sind beige mit roten Sprenkeln. Gekocht bekommen die Bohnen eine kräftig pinke Farbe. Sie sind ideal für Bohnenpüree und Chilis.

KIDNEYBOHNEN

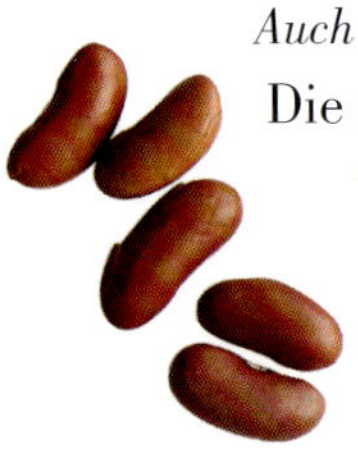

Auch rote Bohnen

Die mittelgroßen Bohnen sind nierenförmig, daher der Name. Es gibt sie getrocknet oder fertig gegart in Konserven. Sie werden oft für Suppen und Chilis verwendet. Mit ihren Ballaststoffen und Proteinen tragen sie zur Herzgesundheit bei.

LIMABOHNEN

Auch Mondbohnen

Die getrockneten Bohnen sind flach, nierenförmig und weiß. Sie haben eine cremige Textur und sind deshalb ideal für Dips, aber auch für andere Rezepte geeignet. Die nahezu fettfreien Bohnen liefern Proteine und Ballaststoffe.

SCHWARZE BOHNEN

Auch Black Turtle und Frijol Negro

Die schwarzen, glänzenden Bohnen werden wegen ihrer glatten Schale auch Turtle (»Schildkröte«) genannt. Ihre fleischige Textur und ihr milder Geschmack passen gut zu vegetarischen Gerichten. Sie eignen sich auch für Suppen und Reisgerichte.

WEISSE BOHNEN

Auch Cannellinibohnen

Die mittelgroßen, flachen Bohnen sind cremeweiß. Ihre herzhafte Textur passt gut zu Suppen und Eintöpfen, Schmorgerichten und Aufläufen. Sie liefern wertvolle Proteine und Ballaststoffe und sind eine gute Alternative zu Perlbohnen.

MUNGOBOHNEN

Auch Mungbohnen, Jerusalembohnen, Lunjabohnen oder Mung Dal

Die kleinen grünen Hülsenfrüchte werden für süße und herzhafte Gerichte verwendet, insbesondere in der asiatischen Küche. Aus ihnen lassen sich einfach leckere Sprossen züchten.

MATTENBOHNEN

Auch Mückenbohnen oder Mottenbohnen

Von Indien bis Italien werden diese Bohnen angebaut. Mattenbohnen sind klein, hellbraun und zylindrisch geformt. Sie schmecken nussig und passen gut zu aromatischen Gewürzen, Kokosnuss und Lebensmitteln mit leichter Süße.

FEUERBOHNEN

Auch Käfer-, Woll- Prunk-, Schminkbohnen, Türkische Bohnen

Sie stammen ursprünglich aus Mexiko und gehören zu den ältesten kultivierten Lebensmitteln. Der große Bohnenkern ist rot und schwarz gescheckt und hat eine fleischige Textur. Für Eintöpfe, Aufläufe und Chilis.

URDBOHNEN

Auch Linsenbohnen, Urad Dal und Black gram

Sie werden vor allem in der indischen Küche verwendet. Die kleinen, schwarzen, zylindrischen Hülsenfrüchte sind innen cremig-weiß. Ihr kräftiges, erdiges Aroma passt hervorragend zu Currys, Eintöpfen und anderen deftigen Gerichten.

ALTE BOHNENSORTEN

Es gibt noch eine Vielzahl alter Sorten, die genetisch unverändert sind. Jede von ihnen ist einzigartig in Geschmack und Aussehen. Seit Generationen werden sie angebaut, wurden aber niemals in großer Menge produziert. Alte Bohnensorten suchen Sie in den Regalen der Geschäfte vergebens, aber wenn Sie sie doch einmal finden, können Sie eine interessante kulinarische Entdeckung machen.

LINSEN, KICHERERBSEN, ERBSEN & MEHLE

Linsen und Erbsen haben den Vorteil, dass manche Sorten nicht eingeweicht werden müssen. Mehl aus getrockneten Hülsenfrüchten eignet sich für Menschen, die empfindlich auf Gluten reagieren.

BRAUNE LINSEN

Dazu gehören etwa spanische Pardina-Linsen, Berglinsen, Tellerlinsen oder Alblinsen.

Die Farbe dieser besonders weit verbreiteten Linsensorten reicht von Beige bis Tiefbraun. Sie haben einen zart nussigen Geschmack und passen zu vielen Gerichten. In Suppen und Schmorgerichten behalten sie ihre Form, püriert eignen sie sich für Burger und Bratlinge.

GELBE LINSEN

Auch Toor Dal

Wie rote Linsen haben gelbe Linsen ein mildes, süßliches und schwach nussiges Aroma. Beim Kochen zerfallen sie schnell, deshalb eignen sie sich gut für Suppen und Aufstriche. Sie sind typisch für indische Gerichte.

ROTE LINSEN

Die rosa-orangefarbenen Linsen sind mild und schmecken leicht süßlich. Sie sind im Ganzen und gespalten erhältlich. Weil die Linsen so klein sind, zerfallen sie beim Kochen schnell, deshalb sind sie ideal für Suppen und Dips. Sie können rote Linsen auch verwenden, um Saucen und Eintöpfe damit anzudicken.

GRÜNE LINSEN

Auch Puy-Linsen, Lentilles du Puy oder Französische Linsen

Die edlen Puy-Linsen aus der Auvergne schmecken aromatisch und behalten ihre Form auch nach dem Kochen. Ihre knackige Textur passt zu Salaten, Eintöpfen und Schmorgerichten.

BELUGALINSEN

Auch schwarze Linsen und Kaviarlinsen

Die kleinen schwarzen, glänzenden Linsen sehen tatsächlich ähnlich aus wie Kaviar. Sie schmecken mildnussig und zerfallen beim Kochen nicht. Für Salate und als Beilage sind sie daher ideal.

KICHERERBSEN

Auch Echte Kicher, Venuskicher oder Felderbsen

Trotz ihres Namens sind die Kichererbsen botanisch nicht mit den Erbsen verwandt. Die nussig schmeckenden Samen haben eine cremige Textur, sind sehr stärkehaltig und daher für Dips, Salate, Aufstriche und Currys besonders geeignet.

STRAUCHERBSEN

Weltweit sind die nussig schmeckenden, knackigen Erbsen Grundnahrungsmittel; die kräftige, widerstandsfähige Sorte wird seit über 3000 Jahren angebaut. Oft werden die kleinen, glänzenden braunen Erbsen zu Reis serviert.

SPALTERBSEN

Es gibt grüne und gelbe Spalterbsensorten.

Spalterbsen werden ganz geerntet und erst dann halbiert. Textur und Geschmack ähneln Linsen, doch sie sind rundlicher und haben eine kräftigere Farbe. Am besten geeignet sind sie für Suppen (z. B. Channa Dal), doch sie schmecken auch in Dips und Aufstrichen.

KICHERERBSENMEHL

Dies ist eines der vielseitigsten Mehle aus Hülsenfrüchten. Es schmeckt nussig und leicht süßlich, deshalb ist es ideal für Kuchen- und Pizzateige. Verwenden Sie es in Rezepten mit kräftigen Aromen, z. B. Kürbisbrot, und mediterranen oder orientalischen Gerichten.

WEISSE-BOHNEN-MEHL

Das Mehl aus weißen Bohnen schmeckt sehr mild. Kombiniert mit Verdickungsmitteln wie Xanthan oder Kartoffelstärke, ist es beim glutenfreien Backen ein guter Ersatz für Weizenmehl und außerdem ideal zum Andicken von Suppen und Saucen.

HÜLSEN-FRÜCHTE GAREN

Hülsenfrüchte können im Topf, im Schnellkochtopf oder Slow-Cooker gegart werden. Gewürze mitkochen und erst gegen Ende salzen.

1. VORBEREITEN Hülsenfrüchte auf einem Backblech ausbreiten und verlesen. Zerbrochene und unregelmäßig geformte Samen sowie kleine Steine entfernen. In ein feines Sieb geben und gründlich waschen.

2. EINWEICHEN In eine große Schüssel legen und mit Wasser bedecken (es sollte etwa 5 cm über den Hülsenfrüchten stehen). 8 Stunden oder über Nacht einweichen.

3. ABSPÜLEN Die Hülsenfrüchte ein weiteres Mal in einem Sieb unter fließend kaltem Wasser waschen, um mögliche Unreinheiten zu entfernen, die sich beim Einweichen gelöst haben. Abtropfen lassen.

4. KOCHEN In einen Topf geben und 5 cm hoch mit Wasser bedecken. Aufkochen, dann bei schwacher Hitze köcheln lassen (Garzeit siehe Tabelle). Schaum abschöpfen.

5. GARZUSTAND PRÜFEN Nach der empfohlenen Garzeit ist es ratsam, einige Hülsenfrüchte aus dem Topf zu nehmen und sie zu probieren. Eine perfekt gegarte Hülsenfrucht gibt nach, wenn man sie drückt, sie ist weich und behält trotzdem ihre Form. Eine noch nicht gare Hülsenfrucht ist fest und gibt auf Druck nicht nach. Eine verkochte Hülsenfrucht zerfällt, eignet sich aber noch für Dips und Püree.

		EINWEICH-ZEIT	KOCHZEIT (TOPF)
ERBSEN	**Kichererbsen**	8 Std oder über Nacht	60–90 Min
ERBSEN	**Straucherbsen**	8 Std oder über Nacht	45–60 Min
ERBSEN	Spalterbsen	nicht erforderlich	30 Min
LINSEN	**Belugalinsen**	nicht erforderlich	25 Min
LINSEN	**Braune Linsen**	nicht erforderlich	20–25 Min
LINSEN	**Grüne Linsen**	nicht erforderlich	20–25 Min
LINSEN	**Rote Linsen**	nicht erforderlich	15–20 Min
LINSEN	**Gelbe Linsen**	nicht erforderlich	15–20 Min
BOHNEN	**Adzukibohnen**	1–2 Std	45–60 Min
BOHNEN	Schwarze Bohnen	8 Std oder über Nacht	45 Min–1 Std
BOHNEN	**Augenbohnen**	8 Std–über Nacht	1 Std
BOHNEN	Urdbohnen	8 Std–über Nacht	30 Min
BOHNEN	Weiße Bohnen	8 Std oder über Nacht	1 Std
BOHNEN	Kidneybohnen	8 Std oder über Nacht	60–90 Min
BOHNEN	Limabohnen	8 Std oder über Nacht	1 Std
BOHNEN	**Mottenbohnen**	8 Std oder über Nacht	20–25 Min
BOHNEN	**Mungobohnen**	Nicht erforderlich	30–45 Min
BOHNEN	Perlbohnen	8 Std oder über Nacht	60–90 Min
BOHNEN	Pintobohnen	8 Std oder über Nacht	60–75 Min
BOHNEN	Feuerbohnen	8 Std oder über Nacht	90 Min

Tipp: Fett gedruckte Sorten eignen sich zum Keimen.

SCHNELL-KOCHTOPF (HOHE STUFE)	SLOW COOKER (NIEDRIGE STUFE)	KANN ERSETZT WERDEN DURCH
10–12 Min	6–8 Std	Weiße Bohnen
6–9 Min	2–3 Std	Augenbohnen
1 Min	6–8 Std	grüne Linsen
1 Min	6–7 Std	braune Linsen, grüne Linsen
1 Min	6–7 Std	Belugalinsen, grüne Linsen
1 Min	6–7 Std	Belugalinsen, braune Linsen
1 Min	6–7 Std	gelbe Linsen
1 Min	6–7 Std	rote Linsen
5–9 Min	6–8 Std	Mungobohnen
9–11 Min	6–8 Std	Borlotti-, Pinto-, Perlbohnen
3–5 Min	6–8 Std	Straucherbsen
7 Min	6–8 Std	Mattenbohnen
8–12 Min	6–8 Std	Perlbohnen
6–8 Min	6–7 Std	weiße Bohnen
4–7 Min	6–7 Std	Perlbohnen
5–6 Min	4–6 Std	Urdbohnen, Belugalinsen
5–9 Min	6–8 Std	Adzukibohnen
6–8 Min	6–7 Std	weiße Bohnen
4–6 Min	6–7 Std	Kidneybohnen, Borlottibohnen
5–8 Min	5–7 Std	Kidneybohnen

KEIMSPROSSEN

Gekeimte Hülsenfrüchte sind frisch, knackig und voller Nährstoffe. Achten Sie darauf, dass Sie eine zum Keimen geeignete Hülsenfruchtsorte nehmen (in der Tabelle links fett gedruckt).

1. Hülsenfrüchte in ein Glas geben, mit Wasser bedecken. Ein Seihtuch über das Glas spannen, 8 Stunden kühl und dunkel stellen.

2. Abgießen und die Hülsenfrüchte mit frischem Wasser 1–2 Mal waschen. Dann das Glas schräg stellen, damit das Wasser vollständig abtropfen kann.

3. Das Glas an einen kühlen, dunklen Ort stellen, damit die Hülsenfrüchte keimen. Nach jeweils 12 Stunden Schritt 2 wiederholen, dann die Samen wieder ruhen lassen. Nach Belieben das Glas schräg stellen.

4. Die meisten Sprossensorten erreichen die gewünschte Größe nach zwei bis vier Tagen. Dann aus dem Glas nehmen und trocken tupfen. Sprossen luftdicht verpackt im Kühlschrank aufbewahren.

AUS DER DOSE Statt selbst gegarter Hülsenfrüchte können Sie auch Konservenware verwenden. Die Hülsenfrüchte gründlich abspülen, da die Konservierungsflüssigkeit viel Salz enthält. Eine Dose von 400 g Gesamtgewicht enthält 230–250 g Hülsenfrüchte.

FRÜHSTÜCK & BRUNCH

MUNGOBOHNEN-AVOCADO-TOAST

Sprossen und Mungobohnen machen aus diesem Toast etwas Besonderes. Ein Hauch Curry verleiht dem zart-cremigen Avocadoaufstrich orientalische Würze.

FÜR 3 PORTIONEN ▪ VORBEREITUNG 10 MIN ▪ ZUBEREITUNG 4 MIN

3 Scheiben Sauerteig- oder Vollkornweizenbrot

1 Avocado, halbiert

175 g gegarte Mungobohnen

½ TL Currypulver

1 Prise Kurkuma

Salz und frisch gemahlener schwarzer Pfeffer

50 g Mungobohnenkeimlinge

3 EL Schnittlauchröllchen

1. Das Brot knusprig braun toasten.

2. Die Avocado entkernen. Aus einer Hälfte das Fruchtfleisch herauslöffeln, in eine Rührschüssel geben und mit einem Kartoffelstampfer oder einer Gabel zerdrücken.

3. Gegarte Mungobohnen, Curry und Kurkuma unterrühren und alles mit Salz und Pfeffer würzen. Die Brotscheiben gleichmäßig mit der Avocado-Bohnen-Creme bestreichen.

4. Das Fruchtfleisch aus der zweiten Avocadohälfte lösen und in dünne Scheiben schneiden. Die Brotscheiben damit belegen.

5. Auf Tellern anrichten, mit Keimlingen und Schnittlauch bestreuen und sofort servieren.

VARIANTE MIT FLEISCH 2 Scheiben gebratenen Bacon hacken und unter den Aufstrich rühren.

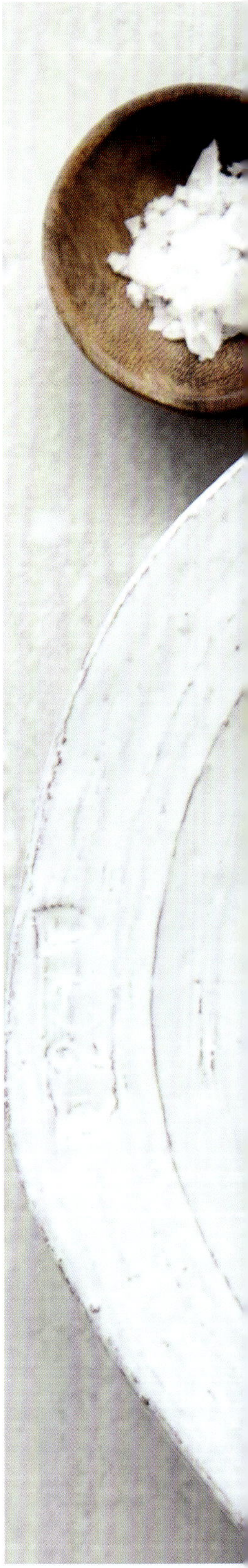

Nährwerte pro Portion
Brennwert 330 kcal | Fett 9 g | davon gesättigte Fette 1,5 g | Cholesterin 0 mg | Natrium 340 mg | Kohlenhydrate 53 g | Ballaststoffe 9 g | Zucker 4 g | Proteine 14 g

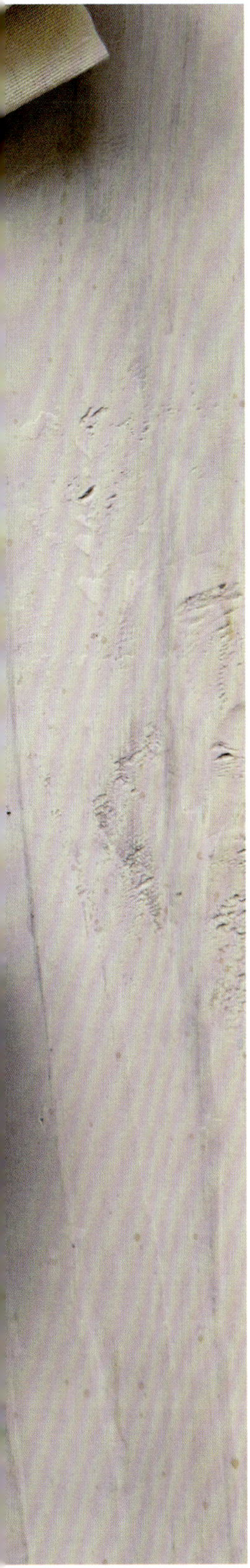

TARTINES MIT LINSEN & FRISCHKÄSE

Linsen, Schnittlauch und Zitronenschale geben dem Frischkäse eine Extraportion Proteine und knackigen Biss. Der Aufstrich ist schnell zubereitet.

FÜR 6 PORTIONEN ▪ VORBEREITUNG 10 MIN ▪ GARZEIT 20 MIN

6 Scheiben Vollkornweizenbrot
225 g Frischkäse
130 g gegarte braune Linsen
2 EL Schnittlauchröllchen
Abgeriebene Schale von 1 Zitrone (bio)
Salz und frisch gemahlener schwarzer Pfeffer
3 TL Olivenöl
6 große Eier
100 g Brunnenkresse

1. Den Backofen auf 150 °C vorheizen. Die Brotscheiben auf ein Backblech legen und im Ofen 5 Minuten rösten. Dann die Scheiben umdrehen und weitere 5 Minuten knusprig backen.

2. In der Zwischenzeit Frischkäse, Linsen, Schnittlauch und Zitronenschale in einem Mixer pürieren. Mit Salz und Pfeffer abschmecken. Die Brotscheiben gleichmäßig mit der Käsecreme bestreichen.

3. 1 Teelöffel Öl in einer Pfanne erhitzen. zwei Eier in die Pfanne schlagen und bei mittlerer Hitze 2–3 Minuten braten, bis das Eiweiß fest, aber das Eigelb noch flüssig ist. Auf zwei Brote legen. Die restlichen vier Eier ebenso braten. Die Brote mit Brunnenkresse bestreut servieren.

LIEBER NICHT VEGETARISCH? Jedes Brot zusätzlich mit einer dünnen Scheibe Räucherlachs belegen.

Nährwerte pro Portion
Brennwert 280 kcal | Fett 17 g | davon gesättigte Fette 8 g | Cholesterin 40 mg | Natrium 400 mg | Kohlenhydrate 22 g | Ballaststoffe 4 g | Zucker 4 g | Proteine 13 g

TOMATEN-FRITTATA MIT KICHERERBSEN

Wenn Gäste zum Brunch kommen, ist eine Frittata perfekt. Durch die Kichererbsen bekommt dieses klassische Gericht eine individuelle Note.

FÜR 10 PORTIONEN ▪ VORBEREITUNG 15 MIN ▪ GARZEIT 30 MIN

- 500 g Rispentomaten
- 1 Knoblauchzehe, fein gehackt
- 1 EL Olivenöl
- 2 Zweige Thymian
- 10 große Eier
- 2 EL Sahne
- 2 TL Schnittlauchröllchen
- Salz und frisch gemahlener schwarzer Pfeffer
- 100 g junger Blattspinat
- 350 g gegarte Kichererbsen

1. Den Backofen auf 200 °C vorheizen. Tomaten, Knoblauch, Öl und Thymian auf einem Backblech mischen, gleichmäßig verteilen und 10 Minuten backen. Den Thymian entfernen. Die Tomaten etwas abkühlen lassen.

2. In der Zwischenzeit Eier, Sahne und Schnittlauch in einer großen Schüssel verrühren und mit Salz und Pfeffer würzen.

3. Eine gusseiserne oder ofenfeste Pfanne erhitzen. Tomaten und Spinat hineingeben und bei mittlerer Hitze 1–2 Minuten garen, bis der Spinat etwas zusammenfällt. Die Kichererbsen zufügen und die Mischung gleichmäßig in der Pfanne verteilen.

4. Die Eiermasse gleichmäßig darübergießen. Ohne Deckel 2–3 Minuten stocken lassen, bis die Frittata am Rand etwas fest geworden ist, dann die Pfanne in den Backofen stellen und ohne Deckel weitere 8–10 Minuten stocken lassen. Die Ränder sollten fest sein, die Mitte noch etwas nachgeben. In Tortenstücke schneiden und sofort servieren.

LIEBER NICHT VEGETARISCH? In Schritt 3 zusammen mit den Kichererbsen zusätzlich 150 g fein gewürfelten Kochschinken oder Geflügelfleischwurst in die Pfanne geben.

AUCH LECKER Für eine sahnig-herbe Note 100 g geriebenen Ziegenkäse vor dem Backen über die Frittata streuen.

Nährwerte pro Portion
Brennwert 130 kcal | Fett 8 g | davon gesättigte Fette 2,5 g | Cholesterin 190 mg | Natrium 360 mg | Kohlenhydrate 7 g | Ballaststoffe 2 g | Zucker 2 g | Proteine 8 g

CHILAQUILES MIT AUGENBOHNEN

Sie haben Tortillas übrig? Dann sind die mexikanischen Chilaquiles das ideale Gericht: ein herzhaftes Frühstücksgericht aus Tortillas, Schwarzaugenbohnen und scharfer Tomatensauce.

FÜR 4 PORTIONEN ▪ VORBEREITUNG 20 MIN ▪ GARZEIT 45 MIN

8 kleine Maistortillas, gesechstelt
3 EL Pflanzenöl
2 Knoblauchzehen, fein gehackt
1½ TL getrockneter Oregano
3 TL Ancho-Chilipulver
1½ TL gemahlener Kreuzkümmel
½ TL Cayennepfeffer
1 Dose Tomatensauce oder passierte Tomaten (400 g)
175 g gegarte Augenbohnen
175 g Cotija oder Feta, zerbröselt
3 Frühlingszwiebeln, gehackt
1 kleine Jalapeño-Chili, in schmale Streifen geschnitten
30 g Koriandergrün

1. Den Backofen auf 170 °C vorheizen. Die Tortillastücke in 2 Esslöffeln Öl wenden, auf einem Backblech verteilen und 15–20 Minuten knusprig goldbraun backen.

2. In der Zwischenzeit für die Sauce den verbliebenen Esslöffel Öl in einem Topf erhitzen. Den Knoblauch darin bei mittlerer bis schwacher Hitze 1–2 Minuten anschwitzen, aber nicht bräunen. Oregano, Chilipulver, Kreuzkümmel, Cayennepfeffer, Tomatensauce oder passierte Tomaten und 240 ml Wasser zugeben. Aufkochen, dann die Temperatur reduzieren und 15 Minuten köcheln lassen, bis die Sauce leicht eingedickt ist.

3. In einer großen Schüssel die Tortillachips mit den Bohnen und zwei Drittel der Sauce vermengen. In eine ofenfeste Form füllen und mit dem Käse bestreuen. 8–10 Minuten backen, bis der Käse weich ist.

4. Mit Frühlingszwiebeln, Chili und Koriandergrün garnieren und sofort servieren. Die restliche Sauce separat dazu reichen.

LIEBER NICHT VEGETARISCH? In Schritt 3 vor dem Käse 130 g gegartes, gewürfeltes Hähnchen- oder Schweinefleisch auf dem Auflauf verteilen.

AUCH LECKER Auf jeder Portion ein weich gekochtes Ei anrichten.

Nährwerte pro Portion
Brennwert 380 kcal | Fett 18 g | davon gesättigte Fette 11 g | Cholesterin 45 mg | Natrium 750 mg | Kohlenhydrate 41 g | Ballaststoffe 7 g | Zucker 6 g | Proteine 15 g

BAKED BEANS MIT »EI IM LOCH«

Hier gehen zwei englische Frühstücksklassiker eine gelungene Verbindung ein.

FÜR 4 PORTIONEN ▪ VORBEREITUNG 20 MIN ▪ GARZEIT 40 MIN

1 EL Olivenöl
1 kleine Zwiebel, fein gehackt
1 Knoblauchzehe, fein gehackt
450 g gegarte Perlbohnen
300 g passierte Tomaten
2 EL Melasse
1 Prise Chiliflocken
Salz und frisch gemahlener schwarzer Pfeffer
2 Romatomaten, längs halbiert
250 g Pilze, geviertelt
4 Scheiben Vollkornweizenbrot
4 große Eier

1. Für die Baked Beans das Öl in einem mittelgroßen Topf auf mittlerer Stufe erhitzen. Die Zwiebel darin 5 Minuten glasig dünsten. Den Knoblauch zugeben und 1 Minute mitgaren.

2. Perlbohnen, passierte Tomaten, Melasse und Chiliflocken zufügen und zum Kochen bringen, dann die Temperatur reduzieren und alles 20 Minuten köcheln lassen. Mit Salz und Pfeffer abschmecken.

3. Inzwischen eine große beschichtete Pfanne auf mittlerer Stufe erhitzen. Die Tomaten darin mit der Schnittfläche nach unten 3–4 Minuten braten, bis sie halb gar sind. Aus der Pfanne nehmen und auf Teller legen. Die Pilze in die Pfanne geben, mit Salz und Pfeffer würzen und 3–4 Minuten garen. Aus der Pfanne nehmen und auf die Teller geben. Die Pfanne auswischen und bei mittlerer bis schwacher Hitze wieder auf den Herd stellen.

4. Aus der Mitte jeder Brotscheibe ein 5 cm großes Loch ausstechen. Zwei Brotscheiben und die ausgestochenen Kreise in die Pfanne legen. Eine Seite hellbraun rösten, dann wenden und die andere Seite rösten. In jedes Loch ein Ei schlagen und 3–5 Minuten garen, bis das Eiweiß fest und das Eigelb noch flüssig ist (oder nach eigener Vorliebe). Aus der Pfanne auf die Teller heben und die beiden übrigen Brotscheiben und Eier ebenso zubereiten.

5. Die Baked Beans auf die Teller verteilen und die Brotkreise zum Dippen dazu reichen.

Nährwerte pro Portion
Brennwert 380 kcal | Fett 10 g | davon gesättigte Fette 2,5 g | Cholesterin 185 mg | Natrium 230 mg | Kohlenhydrate 54 g | Ballaststoffe 14 g | Zucker 15 g | Proteine 20 g

TOSTADAS MIT SCHWARZEN BOHNEN

Knusprige Tortillas, belegt mit zartem Rührei und scharf gewürzten Bohnen. Ein unwiderstehliches Frühstück auf mexikanische Art.

FÜR 4 PORTIONEN ▪ VORBEREITUNG 15 MIN ▪ GARZEIT 25 MIN

1 EL Olivenöl
1 kleine Zwiebel, fein gehackt
1 Jalapeño-Chili, entkernt und fein gehackt
1 Knoblauchzehe, fein gehackt
350 g gegarte schwarze Bohnen
1 EL gemahlener Kreuzkümmel
1 TL Chipotle-Chilipulver
120 ml Gemüsebrühe
Salz und frisch gemahlener schwarzer Pfeffer
4 Mais-Tostadas
4 große Eier
½ EL Sahne
110 g Cotija oder Feta
Koriandergrün zum Garnieren
Scharfe Sauce zum Servieren

1. Den Backofen auf 170 °C vorheizen. Das Öl in einer mittelgroßen Pfanne erhitzen. Die Zwiebel darin 5–10 Minuten glasig dünsten. Chili und Knoblauch zufügen und 2–3 Minuten mitgaren.

2. Bohnen, Kreuzkümmel und Chilipulver unterrühren. Mit Brühe ablöschen, aufkochen und 5 Minuten köcheln lassen, bis die Flüssigkeit reduziert ist. Mit Salz und Pfeffer würzen.

3. In der Zwischenzeit die Tostadas nebeneinander auf ein Backblech legen (die Ränder dürfen einander leicht überlappen) und im vorgeheizten Ofen 2–3 Minuten erhitzen.

4. Eier und Sahne verquirlen, pfeffern und salzen, dann in einer beschichteten Pfanne bei mittlerer Hitze zu Rührei stocken lassen.

5. Die Bohnenmasse gleichmäßig auf die warmen Tostadas verteilen, darauf jeweils etwas Rührei geben. Je ein Viertel des Cotijas darüberkrümeln. Mit Koriandergrün garniert sofort servieren. Die scharfe Sauce dazu reichen.

FÜR VEGANER Anstelle von Eiern 225 g festen Tofu zerkrümeln, salzen und pfeffern und in der Pfanne braten.

AUCH LECKER Wegen der gesunden Fette jede Tostada mit einigen Avocadoscheiben belegen.

Nährwerte pro Portion
Brennwert 430 kcal | Fett 22 g | davon gesättigte Fette 8 g | Cholesterin 220 mg | Natrium 500 mg | Kohlenhydrate 37 g | Ballaststoffe 9 g | Zucker 3 g | Proteine 21 g

SHAKSHUKA MIT ROTEN LINSEN

Das traditionelle Pfannengericht mit Eiern in würziger Tomatensauce ist eine Frühstücksspezialität im Mittelmeerraum. Die roten Linsen geben ihr mehr Biss.

FÜR 4 PORTIONEN ▪ VORBEREITUNG 25 MIN ▪ GARZEIT 35 MIN

2 EL Olivenöl
1 kleine Zwiebel, gehackt
1 rote Paprika, entkernt und gehackt
2 Knoblauchzehen, fein gehackt
1 rote Thai-Chili, entkernt und fein gehackt
2 Dosen gehackte Tomaten (à 400 g)
1 EL Tomatenmark
1 TL gemahlener Kreuzkümmel
¾ TL Rauchpaprika
2 EL Rotweinessig
50 g ungegarte rote Linsen
Salz und frisch gemahlener schwarzer Pfeffer
4 große Eier
3 EL frisch gehackte glatte Petersilie

1. Das Öl in einer gusseisernen Pfanne stark erhitzen. Zwiebel und Paprika darin bei mittlerer Hitze 5 Minuten weich dünsten. Knoblauch und Chili zufügen und 1–2 Minuten mitgaren.

2. Tomaten, Tomatenmark, Kreuzkümmel, Rauchpaprika und Essig in die Pfanne geben. Alles 5 Minuten köcheln lassen, dann die Linsen zugeben und abgedeckt 20–25 Minuten garen, bis sie weich sind. Mit Salz und Pfeffer abschmecken.

3. Mit der Rückseite eines Löffels vier Vertiefungen in die Tomaten-Linsen-Mischung drücken. In jede Vertiefung ein Ei aufschlagen. Die Pfanne abdecken und die Shakshuka weitere 5–8 Minuten garen, bis das Eiweiß gerade fest ist. Mit Petersilie bestreuen und sofort servieren.

FÜR VEGANER Die Eier durch vier runde Scheiben festen Tofu (10 cm ø) ersetzen.

Nährwerte pro Portion
Brennwert 240 kcal | Fett 12 g | davon gesättigte Fette 2,5 g | Cholesterin 185 mg | Natrium 280 mg | Kohlenhydrate 21 g | Ballaststoffe 5 g | Zucker 8 g | Proteine 11 g

SPARGEL & GRÜNE LINSEN MIT EI

Sieht beeindruckend aus, ist aber einfach zuzubereiten. Das Eigelb aus dem pochierten Ei schmeckt herrlich als Sauce zu Spargel und Linsen.

FÜR 4 PORTIONEN ▪ VORBEREITUNG 10 MIN ▪ GARZEIT 15 MIN

500 g dünner grüner Spargel, holzige Enden abgeschnitten

2 EL Olivenöl

Salz und frisch gemahlener schwarzer Pfeffer

2½ EL Rotweinessig

1 EL Dijonsenf

1 TL gehackter Thymian

230 g gegarte grüne Linsen

1 Schuss Weißweinessig

4 große Eier

1. Den Backofen auf 180 °C vorheizen. Die Spargelstangen in 1 Esslöffel Öl wenden, nebeneinander auf ein Backblech legen. Salzen und pfeffern. 10–15 Minuten backen, bis der Spargel gar, aber noch bissfest ist.

2. In der Zwischenzeit für das Dressing Rotweinessig, Dijonsenf, Thymian und den verbliebenen Esslöffel Öl in einer Schüssel verrühren, bis das Dressing sich zu einer Emulsion verbindet. Die Linsen unterheben und durchziehen lassen.

3. Zum Pochieren der Eier einen großen Topf etwa 4 cm hoch mit Wasser füllen. Zum Kochen bringen, dann die Temperatur herunterschalten. Etwas Essig ins Wasser geben. Nacheinander jeweils 1 Ei in eine Tasse aufschlagen und daraus vorsichtig ins siedende Wasser gleiten lassen. 3 Minuten garen. Mit einem Schaumlöffel herausheben und auf einem mit Küchenpapier belegten Teller abtropfen lassen.

4. Zum Servieren den Spargel auf vier Tellern anrichten, die Linsen darauf verteilen und jeweils mit einem pochierten Ei belegen. Mit Pfeffer bestreut sofort servieren.

Nährwerte pro Portion
Brennwert 238 kcal | Fett 12,5 g | davon gesättigte Fette 2,6 g | Cholesterin 183 mg | Natrium 195 mg | Kohlenhydrate 19 g | Ballaststoffe 6 g | Zucker 3,7 g | Proteine 15 g

WURZELGEMÜSE MIT EI

Hier spielt bescheidenes Wurzelgemüse einmal die Hauptrolle: im Ofen gegart und mit einem weichen Spiegelei angerichtet.

FÜR 6 PORTIONEN ▪ VORBEREITUNG 20 MIN ▪ GARZEIT 30 MIN

2 EL Kokosöl

1 kleine Süßkartoffel, geschält und gewürfelt

1 Mairübe, geschält und gewürfelt

1 große Pastinake, geschält und gewürfelt

3 Möhren, gewürfelt

1 EL Thymianblätter

1 Prise Chiliflocken

½ TL Ancho-Chilipulver

350 g gegarte Kichererbsen

6 große Eier

1 EL Pflanzenöl

Salz und frisch gemahlener schwarzer Pfeffer

1. Den Backofen auf 190 °C vorheizen. Das Öl in einer großen Gusseisenpfanne auf mittlerer Stufe erhitzen. Süßkartoffel, Rübe, Pastinake und Möhren zugeben und umrühren.

2. Thymian, Chiliflocken und Chilipulver unter das Gemüse rühren. Die Pfanne in den Backofen schieben und das Gemüse 20 Minuten backen, bis es gar ist. Herausnehmen, die Kichererbsen unterrühren und die Pfanne wieder in den Backofen stellen. Das Ganze weitere 5 Minuten garen, bis die Kichererbsen heiß sind.

3. In der Zwischenzeit das Öl in einer beschichteten Pfanne erhitzen. Die Eier nacheinander bei mittlerer Hitze etwa 3 Minuten braten, bis das Eiweiß fest, aber das Eigelb noch flüssig ist.

4. Das Ofengemüse mit Salz und Pfeffer würzen. Auf sechs Tellern anrichten und jeweils ein Ei darauflegen.

LIEBER NICHT VEGETARISCH? 75 g gewürfelte Pancetta (italienischer Speck) in Kokosöl knusprig braten und in Schritt 1 zum Gemüse geben.

Nährwerte pro Portion
Brennwert 260 kcal | Fett 11 g | davon gesättigte Fette 6 g | Cholesterin 185 mg | Natrium 320 mg | Kohlenhydrate 28 g | Ballaststoffe 7 g | Zucker 7 g | Proteine 12 g

PFANNKUCHEN MIT MOHN & ZITRONE

Mohn gibt diesen luftigen Pfannkuchen nach amerikanischer Art knackigen Biss.

ERGIBT 4 STÜCK ▪ VORBEREITUNG 30 MIN ▪ GARZEIT 20 MIN

180 ml Mandeldrink (ungesüßt)
3 EL Zitronensaft
abgeriebene Schale von 2 Zitronen (bio)
2 EL flüssiges Kokosöl
1 TL Vanilleextrakt
2½ EL Zucker
1 TL Speisenatron
1 TL Backpulver
100 g Kichererbsenmehl
1 EL Mohnsamen
Butter oder Ahornsirup zum Servieren

1. Mandeldrink, Zitronensaft, Zitronenschale, Kokosöl, Vanilleextrakt und Zucker in einer kleinen Schüssel verrühren.

2. In einer großen Schüssel Natron, Backpulver, Kichererbsenmehl und Mohnsamen mischen. Die Mandeldrinkmischung hineingießen und mit den trockenen Zutaten glatt verrühren, dabei darauf achten, dass die Mohnsamen gleichmäßig verteilt werden. Den Teig 10 Minuten ruhen lassen, während dieser Zeit nicht umrühren.

3. Eine mittelgroße Pfanne erhitzen. Ein Viertel des Teigs hineingeben und bei mittlerer Hitze etwa 2 Minuten backen, bis sich am Rand und in der Mitte Bläschen bilden. Vorsichtig wenden und weitere 1–2 Minuten backen, dann aus der Pfanne nehmen und warm halten. Den restlichen Teig ebenso verarbeiten. Die Pfannkuchen heiß mit Butter oder Ahornsirup servieren.

Nährwert pro Pfannkuchen
Brennwert 140 kcal | Fett 7 g | davon gesättigte Fette 4 g | Cholesterin 0 mg | Natrium 240 mg | Kohlenhydrate 16 g | Ballaststoffe 2 g | Zucker 6 g | Proteine 4 g

QUINOA-PORRIDGE MIT ZIMT & ROSINEN

Auch Quinoa und Linsen kann man zum Frühstück essen. Dieser Porridge hat das wärmende Aroma von Vanille, Zimt und Mandeln und liefert Protein und Ballaststoffe.

FÜR 6 PORTIONEN ▪ VORBEREITUNG 10 MIN ▪ GARZEIT 35 MIN

175 g helle Quinoa
1 große Vanilleschote
1 l Mandeldrink (ungesüßt)
3 EL Agavensirup oder Honig
1 Zimtstange
¼ TL geriebene Muskatnuss
100 g ungegarte gelbe Linsen
115 g Rosinen
100 g Mandeln, gehackt
Frische Beeren zum Servieren, nach Belieben

1. Die Quinoa in ein feines Sieb geben und gut waschen. An der Luft trocknen lassen.

2. Die Vanilleschote der Länge nach aufschneiden und das Mark mit einem spitzen Messer herauskratzen. Mark und Schote beiseitelegen.

3. Mandeldrink, Agavensirup, Zimtstange, Muskat, Vanillemark und -schote in einen Topf geben und langsam zum Kochen bringen. Quinoa und Linsen zufügen und abgedeckt 20–25 Minuten köcheln lassen, bis Quinoa und Linsen weich sind und die Flüssigkeit fast vollständig aufgesogen wurde. Vanilleschote und Zimtstange herausnehmen und entsorgen.

4. Zum Servieren den Porridge in sechs Schüsseln füllen. Nach Belieben zusätzlich mit Mandeldrink beträufeln. Mit Rosinen und Mandeln bestreut servieren. Nach Belieben Beeren dazu reichen.

Nährwerte pro Portion
Brennwert 410 kcal | Fett 13 g | davon gesättigte Fette 1 g | Cholesterin 0 mg | Natrium 110 mg | Kohlenhydrate 65 g | Ballaststoffe 7 g | Zucker 29 g | Proteine 13 g

APFELMUFFINS MIT MUNGOBOHNEN

Mungobohnen, mit Apfelmus püriert, machen diese Muffins herrlich saftig. Ein sättigendes Frühstück mit gesundem Protein und vielen Ballaststoffe.

ERGIBT 12 STÜCK ▪ VORBEREITUNG 35 MIN ▪ GARZEIT 20 MIN

150 g ungesüßtes Apfelmus
85 g gegarte Mungobohnen
2 EL Agavensirup
100 g Weizenvollkornmehl
100 g Mehl (Type 405)
2 TL Backpulver
1 TL gemahlener Zimt
1 Prise frisch geriebene Muskatnuss
1 großes Ei
100 g brauner Zucker
80 ml Mandeldrink (ungesüßt)
1 mittelgroßer säuerlicher Apfel, geschält, entkernt und fein gewürfelt
20 g kernige Haferflocken

1. Den Backofen auf 175 °C vorheizen. Apfelmus, Mungobohnen und Agavensirup in einem Mixer glatt pürieren.

2. Beide Mehlsorten, Backpulver, Zimt und Muskat in einer großen Rührschüssel mischen.

3. In einer zweiten Rührschüssel das Ei mit braunem Zucker, Mandeldrink und dem Apfelmus-Bohnen-Püree verquirlen, bis die Zutaten eine homogene Masse bilden.

4. Diese nasse Mischung zur trockenen Mehlmischung geben und so lange rühren, bis alle trockenen Zutaten gut eingearbeitet sind. Die Apfelwürfel vorsichtig unterheben.

5. Die Mulden einer 12er-Muffinform mit Papierförmchen auslegen. Jeweils 2 Esslöffel Teig hineingeben und mit wenigen Haferflocken bestreuen. Im vorgeheizten Ofen 20–25 Minuten backen, bis an einem mittig eingestochenen Holzstäbchen kein Teig mehr haftet. Luftdicht verpackt halten sich die Muffins zwei Tage.

FÜR VEGANER Das Ei durch ½ zerdrückte Banane ersetzen.

Nährwerte pro Muffin
Brennwert 110 kcal | Fett 0,5 g | davon gesättigte Fette 0 g | Cholesterin 0 mg | Natrium 5 mg | Kohlenhydrate 25 g | Ballaststoffe 2 g | Zucker 10 g | Proteine 2 g

LINSENWAFFELN MIT BEERENSAUCE

Die vollwertigen Waffeln sind außen knusprig, innen weich und schmecken leicht nussig. Das Fünf-Gewürze-Pulver in der Sauce unterstreicht die Süße der Beeren.

ERGIBT 4 STÜCK ▪ VORBEREITUNG 15 MIN ▪ GARZEIT 15 MIN

175 g frische Himbeeren
175 g frische Brombeeren
175 g frische Heidelbeeren
¼ TL Fünf-Gewürze-Pulver
1 Zimtstange
300 ml Mandeldrink (ungesüßt)
60 ml Rapsöl
2 TL Vanilleextrakt
3 EL Agavensirup
225 g Weizenvollkornmehl
1½ TL Backpulver
90 g gegarte gelbe Linsen
Fett für das Waffeleisen

1. Die Beeren mit Fünf-Gewürze-Pulver und Zimtstange in einen kleinen Topf geben. Abgedeckt bei schwacher Hitze 15 Minuten unter Rühren köcheln lassen, bis die Beeren zerfallen sind und eine dickliche Sauce entsteht. Falls nötig, 2–3 Esslöffel Wasser zugeben.

2. In der Zwischenzeit Mandeldrink, Öl, Vanilleextrakt und Agavensirup in einer kleinen Schüssel verrühren.

3. Ein Waffeleisen vorheizen. In einer großen Rührschüssel Mehl und Backpulver mischen. Die Mandeldrinkmischung unterrühren, dann die Linsen vorsichtig unterheben.

4. Das heiße Waffeleisen leicht einfetten. Ein Viertel des Teigs im Waffeleisen nach Herstellerangaben backen. Insgesamt vier Waffeln backen.

5. Die Zimtstange aus der Sauce nehmen und entsorgen. Die Waffeln heiß mit der Sauce servieren.

Nährwerte pro Waffel
Brennwert 350 kcal | Fett 10 g | davon gesättigte Fette 0,5 g | Cholesterin 0 mg | Natrium 80 mg | Kohlenhydrate 50 g | Ballaststoffe 13 g | Zucker 6 g | Proteine 13 g

EXOTISCHE SMOOTHIE-BOWL

Ein proteinreiches Frühstück mit den fruchtigen Aromen von Ananas und Mango und der samtigen Textur von weißen Bohnen und Bananen.

FÜR 2 PORTIONEN ▪ VORBEREITUNG 10 MIN

175 g Mangofruchtfleisch, gewürfelt

200 g Ananasfruchtfleisch, gewürfelt

1 Banane, in Scheiben geschnitten

1 EL Honig oder Agavensirup

200 g Vanillejoghurt (1,5 % Fett)

85 g gegarte Cannellinibohnen

15 g geröstete Kokosspäne zum Garnieren

2 TL Chiasamen zum Garnieren

1. Einige Mango-, Ananas- und Bananenstücke zum Garnieren beiseitelegen. Das restliche Obst mit Honig oder Agavensirup, Joghurt und Bohnen in einem Mixer glatt pürieren.

2. Den Smoothie auf zwei Bowls verteilen. Mit Kokosspänen, Chiasamen und den beiseitegelegten Obststücken garnieren und sofort servieren.

FÜR VEGANER Statt normalem Vanillejoghurt einen veganen Joghurt verwenden.

Nährwerte pro Portion
Brennwert 370 kcal | Fett 7 g | davon gesättigte Fette 4,5 g | Cholesterin <5 mg | Natrium 95 mg | Kohlenhydrate 72 g | Ballaststoffe 9 g | Zucker 51 g | Proteine 9 g

SNACKS & AUFSTRICHE

GEFÜLLTE EIER MIT GELBEN LINSEN

Hier wird der Partyklassiker der 1970er mit Basilikum, Oregano und Zitronensaft modernisiert. Gelbe Linsen machen die Füllung besonders gehaltvoll und gesund.

FÜR 12 EIERHÄLFTEN ▪ VORBEREITUNG 20 MIN ▪ GARZEIT 10 MIN

6 große Eier

60 g gegarte gelbe Linsen

60 g Mayonnaise oder saure Sahne

¾ TL Dijonsenf

1 kleine Handvoll frisch gehackte Basilikumblätter

1 kleine Handvoll frisch gehackter Oregano

½ EL Zitronensaft

Salz und frisch gemahlener schwarzer Pfeffer

Schnittlauchröllchen zum Garnieren

1. Wasser in einem großen Topf sprudelnd zum Kochen bringen, die Eier vorsichtig hineinlegen und 9 Minuten kochen. Die Eier aus dem Topf nehmen und sofort in Eiswasser legen, bis sie völlig abgekühlt sind.

2. Die Eier pellen und längs halbieren. Die Eigelbe vorsichtig herauslösen. Die Eiweißhälften zum Füllen beiseitelegen.

3. Für die Füllung Eigelb, Linsen, Mayonnaise, Senf, Basilikum und Oregano in einem Mixer auf niedrigster Stufe verrühren, dann den Zitronensaft zugeben. Die Füllung glatt pürieren und mit Salz und Pfeffer abschmecken.

4. Die Füllung mithilfe einer Teigspritze auf die Eihälften verteilen, mit Schnittlauch und grob gemahlenem Pfeffer garnieren. Sofort servieren oder luftdicht verpackt im Kühlschrank maximal zwei Tage aufbewahren.

LIEBER NICHT VEGETARISCH? Die Eier mit insgesamt 2 Esslöffeln Forellenkaviar garnieren.

Nährwerte pro Eierhälfte
Brennwert 80 kcal | Fett 6 g | davon gesättigte Fette 1,5 g | Cholesterin 95 mg | Natrium 160 mg | Kohlenhydrate 3 g | Ballaststoffe 1 g | Zucker 0 g | Proteine 4 g

ZWIEBEL-PAKORAS MIT ROTEN BETEN
UND GURKENSAUCE

Der klassische indische Snack gewinnt durch die Rote Bete an Farbe. Auch als Vorspeise schmecken die frittierten Bällchen ausgezeichnet.

ERGIBT 12 STÜCK ▪ VORBEREITUNG 15 MIN ▪ GARZEIT 15 MIN

1 l Rapsöl
200 g Joghurt (10 % Fett)
1 kleine Salatgurke, geschält und geraspelt
Salz und frisch gemahlener schwarzer Pfeffer
1 große Zwiebel, geschält
1 große Rote Bete, geschält
1 Prise gemahlene Kurkuma
75 g Kichererbsenmehl

1. Das Rapsöl in einem großen Topf auf mittlerer Stufe auf 180 °C erhitzen.

2. Derweil die Gurkensauce zubereiten. Dafür Joghurt und Gurken in einer kleinen Schüssel verrühren und mit Salz und Pfeffer abschmecken.

3. Beim Spiralschneider den Messereinsatz mit der feinsten Klinge wählen und Zwiebel und Rote Bete in Spiralen schneiden und dann in 3 cm lange Stücke schneiden.

4. Kurkuma, ½ Teelöffel Salz und Kichererbsenmehl in einer Schüssel verrühren. Nach und nach etwa 120 ml Wasser unterrühren. Rote Bete und Zwiebel unterheben.

5. Jeweils 2 Esslöffel von der Masse abnehmen und vorsichtig ins heiße Öl geben. Die Pakoras portionsweise 4 Minuten goldgelb und knusprig frittieren, zwischendurch einmal wenden oder bewegen. Auf einem mit Küchenpapier belegten Teller abtropfen lassen. Sofort mit der Gurkensauce servieren.

FÜR VEGANER Veganen Joghurt (z. B. Kokosjoghurt) statt Kuhmilchjoghurt verwenden.

Nährwert pro Stück
Brennwert 210 kcal | Fett 19 g | davon gesättigte Fette 1,5 g | Cholesterin 0 mg | Natrium 110 mg | Kohlenhydrate 7 g | Ballaststoffe 1 g | Zucker 3 g | Proteine 4 g

SOMMERROLLEN MIT ADZUKIBOHNEN
& ERDNUSSSAUCE

In diesen Sommerrollen ersetzen Spiralen aus der Yambohne die traditionellen Reisnudeln. Die Adzukibohnen passen wunderbar zu süßer Mango und cremiger Avocado.

ERGIBT 16 STÜCK ▪ VORBEREITUNG 1 STD

125 g Erdnussbutter ohne Stückchen

Saft von 1 Limette

1 EL Reisweinessig

½ TL Sriracha (scharfe Chilisauce)

1 kleine Yambohnenknolle, geschält (alternativ Wasserkastanien oder Topinambur)

1 Handvoll frische Minzeblätter

Fruchtfleisch von 1 Mango, 1 cm dicke Streifen geschnitten

1 kleine rote Zwiebel, in dünne Ringe geschnitten

1 Avocado, entkernt und in 5 mm dicke Scheiben geschnitten

325 g gegarte Adzukibohnen

2 Handvoll Koriandergrün

1 Packung runde Reispapierblätter

1. Für die Sauce Erdnussbutter, Limettensaft, Essig, 80 ml Wasser und Sriracha in einer kleinen Schüssel glatt rühren. Bis zum Servieren beiseitestellen.

2. Die Yambohnenknolle in gleichmäßige Stücke schneiden. Beim Spiralschneider den Messereinsatz mit der feinsten Klinge wählen und die Knolle in Spiralen schneiden, dann mit Minze, Mango, Zwiebel, Avocado, Adzukibohnen und Koriandergrün zum Füllen der Rollen bereitstellen.

3. Handwarmes Wasser in eine flache Form gießen. Ein Reispapierblatt 10–20 Sekunden darin einweichen. Abtropfen lassen und auf eine saubere Arbeitsfläche legen, auf der es nicht klebt, zum Beispiel aus Kunststoff oder Keramik.

4. Etwas Yambohne, Minze, Mango, Zwiebel, Avocado, Adzukibohnen und Koriander in die Mitte des Reispapierblattes legen. Zügig arbeiten, damit das Blatt nicht trocken wird, und nicht zu viel Füllung hineingeben. Das untere Ende des Blattes über die Füllung legen und fest andrücken, dann die Seiten über die Füllung falten. Von unten aufrollen.

5. Weitere Reispapierblätter füllen, bis die Zutaten verbraucht sind. Die Sommerrollen (kalt) mit Erdnusssauce servieren. Im Kühlschrank halten sie sich zwei bis drei Tage. Einzeln einwickeln, damit sie nicht zusammenkleben.

LIEBER NICHT VEGETARISCH? In jede Rolle eine gegarte Garnele geben.

Nährwerte pro Stück
Brennwert 178 kcal | Fett 6 g | davon gesättigte Fette 1 g | Cholesterin 0 mg | Natrium 40 mg | Kohlenhydrate 25 g | Ballaststoffe 4 g | Zucker 1 g | Proteine 4 g

GEBACKENER FETA
MIT TOMATEN-LINSEN-SAUCE

Eine überaus beliebte Vorspeise, deren Zubereitung ganz einfach ist: Der warme, weiche Feta und die fruchtige Tomatensauce zergehen auf der Zunge. Dippen Sie mit Baguette alles bis zum letzten Tropfen auf.

FÜR 4 PORTIONEN ▪ VORBEREITUNG 15 MIN ▪ GARZEIT 50 MIN

- 1 EL Olivenöl
- 1 Knoblauchzehe, fein gehackt
- 2 Dosen gehackte Tomaten (à 400 g)
- 2 TL frisch gehackter Oregano
- 1 EL Balsamico-Essig
- 1 Prise Chiliflocken
- 90 g gegarte gelbe Linsen
- Salz und frisch gemahlener schwarzer Pfeffer
- 225 g Feta
- 1 Baguette, in 2,5 cm dicke Scheiben geschnitten, getoastet

1. Den Backofen auf 180 °C erhitzen. Das Öl in einem großen Topf erhitzen. Den Knoblauch darin bei mittlerer bis schwacher Hitze 2–3 Minuten dünsten, aber nicht bräunen.

2. Gehackte Tomaten, Oregano, Essig und Chiliflocken hinzufügen. Aufkochen und die Linsen in den Topf geben. Die Temperatur reduzieren und abgedeckt 15 Minuten köcheln lassen. Mit Salz und Pfeffer würzen.

3. Die Tomaten-Linsen-Sauce in eine ofenfeste Form geben. Den Feta in 1–2 cm dicke Würfel schneiden und gleichmäßig auf der Sauce verteilen.

4. Im vorgeheizten Ofen 12 Minuten backen, bis der Feta weich und leicht geschmolzen ist. Sofort mit den Baguettescheiben servieren.

Nährwerte pro Portion

Brennwert 330 kcal | Fett 16 g | davon gesättigte Fette 9 g | Cholesterin 50 mg | Natrium 950 mg | Kohlenhydrate 34 g | Ballaststoffe 8 g | Zucker 12 g | Proteine 15 g

TAPENADE MIT BELUGALINSEN

Tapenade ist eine beliebte Vorspeise aus der Provence, die mit Baguette oder rohem Gemüse serviert wird. Sie lässt sich gut vorbereiten.

FÜR 6 PORTIONEN ▪ VORBEREITUNG 5 MIN ▪ GARZEIT 5 MIN

150 g Kalamata-Oliven, entsteint
175 gegarte Belugalinsen
2 Knoblauchzehen
1½ EL Kapern, abgetropft
60 ml Olivenöl

1. Oliven, Linsen, Knoblauch und Kapern in einem Mixer grob zerkleinern.

2. Bei laufendem Motor langsam das Olivenöl zugeben und mixen, bis die Masse glatt ist. Sofort servieren. Luftdicht verpackt kann die Tapenade drei Tage im Kühlschrank aufbewahrt werden.

LIEBER NICHT VEGETARISCH? Zwei Sardellenfilets geben der Tapenade ein noch pikanteres Aroma.

Nährwerte pro Portion
Brennwert 220 kcal | Fett 12 g | davon gesättigte Fette 1,5 g | Cholesterin 0 mg | Natrium 105 mg | Kohlenhydrate 23 g | Ballaststoffe 6 g | Zucker <1 g | Proteine 8 g

HUMMUS MIT SPINAT & ZITRONE

Die sattgrüne Farbe des Hummus zeigt, wie gesund er ist. Zu seinem frischen Geschmack passt Pittabrot, und auch Wraps und Sandwiches lassen sich damit bestreichen.

FÜR 6 PORTIONEN ▪ VORBEREITUNG 5 MIN ▪ GARZEIT 5 MIN

150 g gegarte Kichererbsen
100 g junger Blattspinat, geputzt
2 Knoblauchzehen
Saft und abgeriebene Schale von 1 großen Zitrone (bio)
1 EL Tahini
60 ml Olivenöl
Salz und frisch gemahlener schwarzer Pfeffer
1½ EL Chiasamen zum Garnieren
Sprossen und Microgreens zum Garnieren

1. Kichererbsen, Spinat, Knoblauch, Zitronensaft und -schale und Tahini in einen Mixer geben und auf niedriger Stufe 1 Minute pürieren, bis eine homogene Masse entsteht.

2. Auf hohe Stufe umschalten und bei laufendem Motor das Öl in dünnem Strahl zugießen. Soll der Hummus danach noch dünner werden, esslöffelweise kaltes Wasser unterrühren, bis die gewünschte Konsistenz erreicht ist. Mit Salz und Pfeffer abschmecken.

3. Hummus in einer Servierschüssel anrichten und mit Chia-Samen, Sprossen und Microgreens garniert servieren.

LIEBER NICHT VEGETARISCH? 250 g gebratenes Lammhack, nach Belieben gewürzt, auf den Hummus streuen.

Nährwerte pro Portion
Brennwert 140 kcal | Fett 10 g | davon gesättigte Fette 1,5 g | Cholesterin 0 mg | Natrium 20 mg | Kohlenhydrate 11 g | Ballaststoffe 4 g | Zucker 2 g | Proteine 4 g

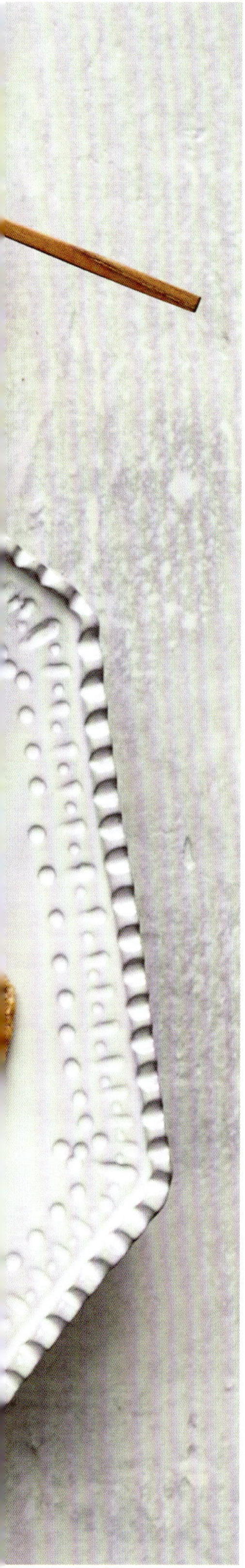

PIKANTER HUMMUS MIT MÖHRE

Harissa ist in diesem Hummus ein interessanter Gegenspieler zu zart süßen Möhren und nussigem Tahini. Reichen Sie dazu knackiges Gemüse oder Vollkorncracker.

FÜR 6 PORTIONEN ▪ VORBEREITUNG 20 MIN ▪ GARZEIT 30 MIN

350 g Möhren

60 ml Olivenöl + 1 EL zum Braten

350 g gegarte Kichererbsen, geschält

1½ EL Tahini

Saft von 1 großen Limette

1 EL Harissa

Salz und frisch gemahlener schwarzer Pfeffer

1. Den Backofen auf 180 °C vorheizen. Die Möhren schälen und in 3 cm lange Stücke schneiden. Mit 1 Esslöffel Öl mischen und nebeneinander auf ein Backblech legen. 25–30 Minuten im Ofen garen, bis sie gebräunt sind. Aus dem Ofen nehmen und abkühlen lassen.

2. Die Kichererbsen in einem Mixer mit 1 Esslöffel Wasser kurz vermischen. Tahini, Limettensaft, Harissa und die gegarten Möhren zugeben und alles grob pürieren. Bei langsam laufendem Motor das Öl in dünnem Strahl dazugießen. Mit Salz und Pfeffer abschmecken. Den Hummus sofort servieren.

Nährwerte pro Portion

Brennwert 240 kcal | Fett 16 g | davon gesättigte Fette 2 g | Cholesterin 0 mg | Natrium 250 mg | Kohlenhydrate 22 g | Ballaststoffe 6 g | Zucker 6 g | Proteine 6 g

CAPONATA MIT ROTEN LINSEN

Das sizilianische Gemüsegericht mit Auberginen wird gern als Vorspeise mit geröstetem Baguette serviert.

FÜR 6 PORTIONEN ▪ VORBEREITUNG 25 MIN ▪ GARZEIT 1 STD

1 große Aubergine, gewürfelt
3 EL Olivenöl
1 mittelgroße Zwiebel, gehackt
2 Knoblauchzehen, gehackt
1 Selleriestange, gehackt
2 große Tomaten, entkernt und gehackt
3 EL Kapern
2 EL Pinienkerne, geröstet
30 g helle Rosinen
90 g gegarte rote Linsen
1 EL Zucker
80 ml Rotweinessig
1 Prise Chiliflocken
1 Msp. gemahlener Zimt
1 Msp. Kakaopulver
Salz und frisch gemahlener schwarzer Pfeffer

1. Den Backofen auf 200 °C vorheizen. Die Auberginenwürfel auf einem Backblech verteilen, mit 2 Esslöffeln Olivenöl beträufeln und 20 Minuten im Ofen garen.

2. Den verbliebenen Esslöffel Öl in einer großen Pfanne erhitzen und die Zwiebel darin 2–3 Minuten glasig dünsten. Den Knoblauch zufügen und 1 Minute mitgaren. Sellerie, Tomaten und Aubergine in die Pfanne geben und 5 Minuten braten.

3. Kapern, Pinienkerne, Rosinen, Linsen, Zucker, Essig, Chiliflocken, Zimt und Kakao zufügen und alles 10 Minuten abgedeckt köcheln lassen. Mit Salz und Pfeffer abschmecken. Die Pfanne vom Herd nehmen und die Caponata abkühlen lassen. Luftdicht verpackt 2 Stunden oder über Nacht in den Kühlschrank stellen.

Nährwerte pro Portion
Brennwert 180 kcal | Fett 11 g | davon gesättigte Fette 1,5 g | Cholesterin 0 mg | Natrium 500 mg | Kohlenhydrate 22 g | Ballaststoffe 6 g | Zucker 12 g | Proteine 4 g

BOHNENDIP MIT ROTER PAPRIKA

Sie erwarten Gäste? Dieser schmackhafte Dip ist in 15 Minuten fertig.

FÜR 8 PORTIONEN ▪ VORBEREITUNG 15 MIN

350 g gegarte Kichererbsen, geschält

150 g geröstete rote Paprika, abgetropft

325 g gegarte weiße Bohnen

Abgeriebene Schale und Saft von 1 Zitrone (bio)

1 TL Chiliflocken

1 EL frische Thymianblättchen

1 EL frisch gehackte glatte Petersilie

1 EL Olivenöl

Salz und frisch gemahlener schwarzer Pfeffer

1. Kichererbsen, Paprika, Bohnen, Zitronenschale und -saft, Chiliflocken, Thymian und Petersilie in einem Mixer kurz vermengen, dann zu einer glatten Masse pürieren.

2. Das Öl zugeben, mit Salz und Pfeffer abschmecken und nochmals mixen, bis der Dip eine glatte, aber keine flüssige Konsistenz hat. Sofort mit Pittabrot oder rohem Gemüse zum Dippen servieren. Der Dip kann in einem luftdicht schließenden Behälter zwei Tage im Kühlschrank aufbewahrt werden.

Nährwerte pro Portion
Brennwert 150 kcal | Fett 3 g | davon gesättigte Fette 0 g | Cholesterin 0 mg | Natrium 400 mg | Kohlenhydrate 23 g | Ballaststoffe 7 g | Zucker 4 g | Proteine 8 g

WEISSE-BOHNEN-CREME MIT RADIESCHEN

In Frankreich sind Radieschen mit Butter und Fleur de Sel ein klassischer Snack. Hier wird die Butter gebräunt und mit weißen Bohnen zu einem Dip verrührt.

FÜR 4 PORTIONEN ▪ VORBEREITUNG 5 MIN ▪ GARZEIT 10 MIN

2 EL Butter

175 g gegarte Cannellini-Bohnen

1 Knoblauchzehe

Frisch gemahlener schwarzer Pfeffer

1 Bund Radieschen, geputzt und gewaschen

Meersalzflocken (Fleur de Sel)

1. Die Butter in einem kleinen Topf erhitzen, bis sie leicht gebräunt ist und nussig duftet. Den Topf vom Herd nehmen.

2. Butter, Bohnen und Knoblauch im Mixer auf hoher Stufe glatt pürieren. Je nach gewünschter Konsistenz teelöffelweise kaltes Wasser zufügen.

3. Den Dip in eine kleine Schüssel füllen und großzügig pfeffern. Mit den Radieschen und Meersalzflocken servieren.

Nährwerte pro Portion
Brennwert 110 kcal | Fett 6 g | davon gesättigte Fette 3,5 g | Cholesterin 15 mg | Natrium 10 mg | Kohlenhydrate 10 g | Ballaststoffe 3 g | Zucker <1 g | Proteine 4 g

MUNGOBOHNEN-GUACAMOLE

Der mexikanische Klassiker gewinnt durch die Mungobohnen zusätzliche Nährstoffe und wird ein bisschen stückig. Dazu schmecken Tortillachips oder Tacos.

FÜR 2 PORTIONEN ▪ VORBEREITUNG 20 MIN

2 große Avocados
Saft von 1 Limette
1 Zwiebel, fein gehackt
2 Knoblauchzehen, fein gehackt
1 Tomate, gewürfelt
80 g gegarte Mungobohnen
2 EL grob gehacktes Koriandergrün
Salz und frisch gemahlener schwarzer Pfeffer

1. Die Avocados halbieren und entsteinen, das Fruchtfleisch herauslösen und in eine große Schüssel geben. Sofort den Limettensaft zugeben und die Avocados mit einer Gabel grob zerdrücken oder mit dem Stabmixer pürieren.

2. Zwiebel, Knoblauch, Tomate, Bohnen und Koriandergrün vorsichtig unterheben. Mit Salz und Pfeffer abschmecken und sofort servieren.

Nährwerte pro Portion
Brennwert 300 kcal | Fett 21 g | davon gesättigte Fette 3 g | Cholesterin 0 mg | Natrium 170 mg | Kohlenhydrate 25 g | Ballaststoffe 15 g | Zucker 4 g | Proteine 7 g

PAN BAGNAT MIT PERLBOHNEN

Das französische Sandwich eignet sich fürs Picknick oder als kalter Lunch zum Mitnehmen. Je länger es ruht, desto besser nimmt das Brot die Aromen von Vinaigrette und Gemüse an.

ERGIBT 4 STÜCK ▪ VORBEREITUNG 50 MIN

- 3 EL Rotweinessig
- 1½ EL Olivenöl
- 1 kleine Salatgurke, geschält, entkernt und in dünne Scheiben geschnitten
- 1 kleine rote Zwiebel, in dünne Ringe geschnitten
- 1 Dose Artischockenherzen (250 g Abtropfgewicht)
- 225 g gegarte Perlbohnen
- 2 Knoblauchzehen
- 60 g Cornichons
- 1 Handvoll glatte Petersilie
- 2 EL Joghurt (10 % Fett)
- 1 Prise Chiliflocken
- Salz und Pfeffer
- 1 Vollkornbaguette
- 12 große Basilikumblätter
- 1 Roma-Tomate, in dünne Scheiben geschnitten
- 2 Eier, hart gekocht und in dünne Scheiben geschnitten
- 50 g Oliven, entsteint, gehackt

1. Essig, Öl, Gurke und rote Zwiebel in einer Schüssel mischen. Zum Marinieren beiseitestellen.

2. Artischockenherzen, Bohnen, Knoblauch, Cornichons, Petersilie, Joghurt und Chiliflocken im Mixer grob pürieren. Mit Salz und Pfeffer würzen.

3. Das Baguette längs durchschneiden. Die beiden Hälften mit der Schnittseite nach oben auf die Arbeitsfläche legen. Um Platz für die Füllung zu schaffen, das Baguette etwa 3 cm breit aushöhlen.

4. Die untere Baguettehälfte mit Basilikumblättern belegen. Die Artischocken-Bohnen-Mischung gleichmäßig darauf verteilen. Mit Tomate und Eiern belegen.

5. Auf der oberen Hälfte des Baguettes gleichmäßig die Gurken-Zwiebel-Mischung verteilen. Mit der restlichen Marinade beträufeln und mit den gehackten Oliven belegen.

6. Das Baguette vorsichtig zusammensetzen und in 4 gleich große Stücke schneiden. Jedes in Pergamentpapier einschlagen und im Kühlschrank 30 Minuten oder sogar über Nacht ziehen lassen.

FÜR VEGANER Eier weglassen und milchfreien Joghurt verwenden.

LIEBER NICHT VEGETARISCH? Das Sandwich zusätzlich gleichmäßig mit acht Sardellenfilets belegen.

Nährwerte pro Sandwich
Brennwert 320 kcal | Fett 6 g | davon gesättigte Fette 1 g | Cholesterin 0 mg | Natrium 920 mg | Kohlenhydrate 52 g | Ballaststoffe 11 g | Zucker 6 g | Proteine 13 g

GERÖSTETE KICHER-ERBSEN MIT SUMACH

Diese Kichererbsen sind ein gesunder Snack, von dem man nicht genug bekommt. Sie schmecken salzig und würzig.

FÜR 4 PORTIONEN ▪ VORBEREITUNG 5 MIN ▪ GARZEIT 1 STD

2 EL Olivenöl

Abgeriebene Schale und Saft von 2 Zitronen (bio)

2 TL gemahlener Sumach

1 TL Meersalz

700 g gegarte Kichererbsen, gründlich abgespült und abgetropft

1. Den Backofen auf 190 °C vorheizen. In einer großen Rührschüssel Olivenöl, Zitronenschale und -saft, Sumach und Salz mischen. Die Kichererbsen zugeben und alles gut vermengen. Die Kichererbsen nebeneinander auf einem Backblech verteilen.

2. Die Kichererbsen 40–45 Minuten goldgelb und knusprig backen, dabei alle 10–15 Minuten wenden oder rütteln. Das Backblech aus dem Ofen nehmen und die Kichererbsen darauf vollständig abkühlen lassen. Sofort servieren oder luftdicht verpackt bis zu drei Tage aufbewahren.

Nährwerte pro Portion

Brennwert 330 kcal | Fett 11 g | davon gesättigte Fette 1,5 g | Cholesterin 0 mg | Natrium 570 mg | Kohlenhydrate 47 g | Ballaststoffe 13 g | Zucker 8 g | Proteine 15 g

DOLMADES MIT QUINOA & MOTTENBOHNEN

Die unverwechselbaren Aromen von Dill und Minze werden in gefüllten Weinblättern mit den Texturen von Rosinen und Pinienkernen kombiniert. Heraus kommt eine köstliche Vorspeise.

ERGIBT 24 STÜCK ▪ VORBEREITUNG 30 MIN ▪ GARZEIT 1 STD

24 Weinblätter
150 g gegarte Quinoa
1½ EL frisch gehackte Minze
1½ EL frisch gehackter Dill
1½ EL frisch gehackte glatte Petersilie
50 g Rosinen
30 g Pinienkerne, geröstet
2 EL Olivenöl
3 EL Zitronensaft
300 g gegarte Mottenbohnen
Salz und frisch gemahlener schwarzer Pfeffer
250 ml Gemüsebrühe

1. Den Backofen auf 180 °C vorheizen. Eine ofenfeste Form (23 × 33 cm) leicht einfetten. Eine große Schüssel mit warmem Wasser füllen. Die Weinblätter im Wasser 2–3 Minuten einweichen, anschließend in einem Sieb abtropfen lassen. Ein feuchtes Handtuch auf das Sieb legen, damit die Weinblätter nicht wieder austrocknen.

2. Für die Füllung Quinoa, Minze, Dill, Petersilie, Rosinen, Pinienkerne, 1 Esslöffel Öl, 1 Esslöffel Zitronensaft und die Mottenbohnen in einer großen Schüssel vermengen. Mit Salz und Pfeffer würzen.

3. Ein Weinblatt mit den Adern nach oben auf eine glatte, saubere Arbeitsfläche legen. Den Stiel herausschneiden. Dann einen gehäuften Esslöffel Füllung mittig an ein Ende des Blatts setzen. Die Seiten über die Füllung schlagen, dann das Blatt vorsichtig vom Stiel zur Spitze hin aufrollen. Mit der Naht nach unten in die Form legen. Mit den restlichen Blättern ebenso verfahren. Die Dolmades dicht an dicht in die Form legen.

4. Die Brühe dazugießen und den verbliebenen Esslöffel Öl sowie den verbliebenen Zitronensaft (2 Esslöffel) darüberträufeln.

5. Die Form mit Alufolie abdecken und die Dolmades 20–30 Minuten backen, bis sie die Flüssigkeit aufgesogen haben. Sofort servieren oder abkühlen lassen und luftdicht verpackt bis zu zwei Tage im Kühlschrank aufbewahren.

AUCH LECKER 50 g fein zerkrümelten Feta zur Füllung geben.

Nährwerte pro Weinblatt
Brennwert 60 kcal | Fett 2,5 g | davon gesättigte Fette 0 g | Cholesterin 0 mg | Natrium 220 mg | Kohlenhydrate 7 g | Ballaststoffe 2 g | Zucker 2 g | Proteine 2 g

KICHERERBSEN-MASALA-NACHOS

Hier gehen warme indische Gewürze eine Fusion mit traditionellen mexikanischen Nachos ein: spannend und köstlich!

FÜR 6 PORTIONEN ▪ VORBEREITUNG 40 MIN ▪ GARZEIT 20 MIN

1 großer Bund Koriandergrün
1 Handvoll Minzeblätter
2 EL Zitronensaft
¼ TL gemahlener Ingwer
Salz und frisch gemahlener schwarzer Pfeffer
350 g gegarte Kichererbsen
1 TL Currypulver
1 TL Garam Masala
1 EL Pflanzenöl
10 Papadams, nach Packungsangabe gegart
225 g geriebener Mozzarella
125 g Mango-Chutney
30 g rote Zwiebel, gewürfelt
1 große Limette, in 6 Spalten geschnitten

1. Für die Kräutersauce ⅔ des Koriandergrüns mit Minze, Zitronensaft, Ingwer und 80 ml kaltem Wasser im Mixer glatt pürieren. Mit Salz und Pfeffer würzen. In einen Behälter geben, luftdicht verschließen und beiseitestellen.

2. Den Backofen auf 200 °C vorheizen. Ein Backblech mit Alufolie auslegen. Die Kichererbsen mit Currypulver, Garam Masala und Öl mischen und nebeneinder auf dem Backblech verteilen. Im vorgeheizten Ofen 10 Minuten backen, bis die Kichererbsen warm und knusprig sind. In eine Schüssel füllen und das Backblech säubern.

3. Die Papadams vierteln und nebeneinander auf das Backblech legen. Die Hälfte des Mozzarellas und die Kichererbsenmischung darauf verteilen. Mit dem restlichen Mozzarella bestreuen. Im Backofen 10–12 Minuten backen. Der Mozzarella sollte dann zerlaufen sein, und die Papadams sind leicht gebräunt.

4. Inzwischen in einem kleinen Topf das Mango-Chutney mit 1 Esslöffel Wasser verrühren und erwärmen. 2–3 Minuten köcheln lassen, bis es flüssiger wird.

5. Die Zwiebel auf dem geschmolzenen Mozzarella verteilen, das Mango-Chutney darüberträufeln und Kleckse der Koriander-Minz-Sauce daraufgeben. Das restliche Koriandergrün hacken und über die Nachos streuen. Mit Limettenspalten garnieren und sofort direkt vom Blech servieren.

LIEBER NICHT VEGETARISCH? In Schritt 3 mit den Kichererbsen 125 g gegartes und klein geschnittenes Hähnchenfleisch zugeben.

Nährwerte pro Portion
Brennwert 420 kcal | Fett 18 g | davon gesättigte Fette 12 g | Cholesterin 40 mg | Natrium 660 mg | Kohlenhydrate 40 g | Ballaststoffe 6 g | Zucker 13 g | Proteine 26 g

KICHERERBSEN-SAATEN-CRACKER

Das nussartige Aroma von Kichererbsenmehl passt hervorragend zu diesen Knoblauch-Zwiebel-Kräckern, Saaten sorgen für die knusprige Konsistenz. Dazu schmeckt Hummus oder Ihr Lieblingsdip.

ERGIBT 24 STÜCK ▪ VORBEREITUNG 30 MIN ▪ GARZEIT 15 MIN

½ EL helle Sesamsamen
½ EL schwarze Sesamsamen
½ EL Mohnsamen
½ TL Backpulver
115 g Kichererbsenmehl
¾ TL Salz
1 Msp. Zwiebelpulver
1 Msp. Knoblauchpulver
2 EL Olivenöl

1. Für das Topping die Samen in einer kleinen Schüssel mischen. Beiseitestellen.

2. Den Backofen auf 190 °C vorheizen. Eine große, saubere Arbeitsfläche vorbereiten. Zwei Stücke Backpapier von je 30 × 40 cm zuschneiden.

3. Für den Teig Backpulver, Kichererbsenmehl, Salz, Zwiebel- und Knoblauchpulver sowie das Öl in einer Schüssel mischen. Langsam 60 ml Wasser unterrühren und alles zu einem Teig verarbeiten. Löffelweise mehr Wasser zugeben, bis der Teig geschmeidig wird. Den Teig 10 Minuten im Kühlschrank ruhen lassen.

4. Den Teig halbieren und jede Portion auf einem Stück Backpapier zu einem etwa 3 mm dünnen Rechteck ausrollen. Den Teig mit zusätzlichem Backpapier bedecken, falls er an der Teigrolle klebt.

5. Das obere Backpapier abnehmen. Mit einem Pizzarad oder Küchenmesser in die Teigplatten 24 Vierecke à 3 × 3 cm einritzen, den Teig aber nicht ganz durchschneiden. Mit 1–2 Teelöffeln Wasser bestreichen, dann gleichmäßig mit der Samenmischung bestreuen.

6. Eine Lage im Ofen 10–15 Minuten backen, bis die Teigränder braun werden. Aus dem Ofen nehmen und 5 Minuten ruhen lassen, dann entlang der geritzten Linien in Stücke brechen. Das zweite Teigrechteck ebenso backen. Die Cracker können luftdicht verpackt drei Tage aufbewahrt werden.

Nährwerte pro Cracker
Brennwert 30 kcal | Fett 1,5 g | davon gesättigte Fette 0 g | Cholesterin 0 mg | Natrium 75 mg | Kohlenhydrate 2 g | Ballaststoffe 0 g | Zucker 0 g | Proteine 1 g

SUPPEN & EINTÖPFE

TOMATILLOSUPPE
MIT PERLBOHNEN & MAIS

Dieses Rezept nach dem Vorbild der mexikanischen Tortillasuppe ist mit Mais und säuerlichen Tomatillos verfeinert. Das gewisse Etwas liefern cremige Avocado und Koriander.

FÜR 10 PORTIONEN ▪ VORBEREITUNG 20 MIN ▪ GARZEIT 55 MIN

2 EL Pflanzenöl
1 Zwiebel, gewürfelt
2 große Knoblauchzehen, fein gehackt
1 Jalapeño-Chili, entkernt und fein gewürfelt
1 Prise Chiliflocken
15 kleine Tomatillos (ca. 4 cm ø) oder kleine unreife Tomaten
1,5 l Gemüsebrühe
Körner von 2 Maiskolben
800 g gegarte Perlbohnen
Saft von 2 großen Limetten
1 Handvoll gehacktes Koriandergrün
Salz und frisch gemahlener schwarzer Pfeffer
1 reife Avocado, gewürfelt, zum Garnieren
Limettenspalten zum Garnieren

1. Das Öl in einem großen Suppentopf stark erhitzen. Die Zwiebel darin 3–4 Minuten glasig dünsten, aber nicht bräunen. Knoblauch, Chili und Chiliflocken zugeben und 2 Minuten mitgaren, bis die Chili weich ist.

2. Die Tomatillos waschen, Hülsen entfernen und die Früchte grob hacken. In den Topf geben, umrühren und abgedeckt 7–8 Minuten garen. Die Tomatillos sollten fast weich sein. Die Brühe zugießen und aufkochen. Bei schwacher Hitze abgedeckt 20–25 Minuten köcheln lassen.

3. Maiskörner, Bohnen, Limettensaft und Koriandergrün zugeben und weitere 8–10 Minuten köcheln lassen. Mit Salz und Pfeffer abschmecken. Zum Servieren die Suppe in tiefen Tellern anrichten und mit Avocadowürfeln garnieren. Sofort mit Limettenspalten servieren.

LIEBER NICHT VEGETARISCH? Mit Mais und Bohnen 150 g klein geschnittenes gegartes Hähnchenfleisch zugeben.

AUCH LECKER Nur 700 g Bohnen verwenden, dafür 85 g mexikanische Hominy mit dem Mais zugeben.

Nährwerte pro Portion
Brennwert 330 kcal | Fett 8 g | davon gesättigte Fette 1,5 g | Cholesterin 0 mg | Natrium 115 mg | Kohlenhydrate 55 g | Ballaststoffe 15 g | Zucker 6 g | Proteine 11 g

HOPPIN' JOHN-SUPPE

Dieses Gericht wird in den Südstaaten der USA traditionell am Neujahrstag serviert. Es soll Glück bringen. Normalerweise ist es eine Vorsuppe, doch hier wird eine gehaltvolle, gesunde Mahlzeit daraus.

FÜR 6 PORTIONEN ▪ VORBEREITUNG 30 MIN ▪ GARZEIT 45 MIN

1 EL Olivenöl

1 kleine Zwiebel, gewürfelt

1 kleine rote Paprika, entkernt und gewürfelt

2 Selleriestangen, gewürfelt

1 Knoblauchzehe, fein gehackt

1 Dose gehackte Tomaten (400 g)

2 Zweige Thymian

1 Prise Cayennepfeffer

½ TL Rauchpaprika

1 l Gemüsebrühe

Salz und frisch gemahlener schwarzer Pfeffer

400 g gegarte Augenbohnen

175 g gegarter Naturreis

50 g Frühlingszwiebeln, gehackt

1 TL frisch gehackte glatte Petersilie

1. Das Öl in einem großen Topf erhitzen. Die Zwiebel darin bei mittlerer Hitze 2 Minuten glasig dünsten. Paprika und Sellerie zugeben und 2 Minuten dünsten. Den Knoblauch zufügen und 1 weitere Minute garen.

2. Tomaten, Thymian, Cayennepfeffer, Rauchpaprika und Brühe in den Topf geben und zum Kochen bringen. Die Hitze reduzieren und die Suppe abgedeckt 20 Minuten köcheln lassen. Mit Salz und Pfeffer würzen.

3. Bohnen und Reis zufügen und die Suppe weitere 10 Minuten köcheln lassen, bis Bohnen und Reis heiß sind. In tiefen Tellern anrichten und mit Frühlingszwiebeln und Petersilie garniert servieren.

LIEBER NICHT VEGETARISCH? 150 g gegarte, geräucherte Pute oder gekochten Schinken würfeln und mit den Tomaten in die Suppe geben.

Nährwerte pro Portion
Brennwert 180 kcal | Fett 3 g | davon gesättigte Fette 0 g | Cholesterin 0 mg | Natrium 680 mg | Kohlenhydrate 30 g | Ballaststoffe 6 g | Zucker 5 g | Proteine 6 g

LIMABOHNEN-BISQUE

Die natürliche Cremigkeit der Limabohnen verleiht dieser Suppe die Konsistenz einer Bisque, aber ohne Sahne. Servieren Sie dazu selbst gemachte Croûtons.

FÜR 4 PORTIONEN ▪ VORBEREITUNG 15 MIN ▪ GARZEIT 35 MIN

1 EL Butter
1 Zwiebel, gehackt
2 Selleriestangen, gehackt
600 g gegarte Limabohnen
1,2 l Gemüsebrühe
½ TL Chiliflocken
4 Zweige Thymian
2 EL frisch gehacktes Basilikum
2 EL frisch gehackte glatte Petersilie
Salz und frisch gemahlener schwarzer Pfeffer

1. Die Butter in einem großen Topf bei mittlerer Hitze zerlassen. Die Zwiebel darin 4–5 Minuten glasig dünsten, aber nicht bräunen. Sellerie zufügen und weitere 3–4 Minuten garen, bis sie weich wird.

2. Die Bohnen unterrühren, die Brühe zugießen und alles aufkochen. Chiliflocken und Thymian zugeben, dann die Temperatur reduzieren und ohne Deckel 15 Minuten köcheln lassen. Vom Herd nehmen, den Thymian herausnehmen und Basilikum und Petersilie unterrühren. Abkühlen lassen.

3. Die abgekühlte Suppe portionsweise im Mixer pürieren. Wieder in den Topf gießen und erhitzen. Mit Salz und Pfeffer abschmecken und sofort servieren.

LIEBER NICHT VEGETARISCH? Jeden Teller Suppe mit knusprigen Baconstückchen oder Parmaschinken garnieren.

Nährwerte pro Portion
Brennwert 280 kcal | Fett 3,5 g | davon gesättigte Fette 2 g | Cholesterin 10 mg | Natrium 190 mg | Kohlenhydrate 46 g | Ballaststoffe 15 g | Zucker 10 g | Proteine 15 g

GUMBO Z'HERBES

Das traditionelle Gericht aus Louisiana wird auch »Green Gumbo« genannt. Meist wird diese vegetarische Mahlzeit am Karfreitag gegessen, das soll für den Rest des Jahres Glück bringen.

FÜR 10 PORTIONEN ▪ VORBEREITUNG 1 STD 10 MIN ▪ GARZEIT 1 STD

- 1 Bund Mangold
- 1 Bund Grünkohl
- 1 Bund Brunnenkresse
- 1 Bund Senfkohl
- 1 Bund Löwenzahnblätter
- 60 g junger Blattspinat
- 400 g gegarte Mottenbohnen
- 150 ml Pflanzenöl
- 100 g Mehl
- 1 Zwiebel, gewürfelt
- 1 grüne Paprika, entkernt und gewürfelt
- 3 Selleriestangen, gewürfelt
- 1 Knoblauchzehe, fein gehackt
- 500 ml Gemüsebrühe
- 2 Lorbeerblätter
- ½ TL Paprikapulver
- 3 Zweige Thymian
- 1 TL Cayennepfeffer
- 2 EL Weißweinessig
- Salz und frisch gemahlener schwarzer Pfeffer
- Scharfe Sauce zum Servieren (nach Belieben)

1. Das Gemüse waschen, putzen und dicke Stiele entfernen. Insgesamt sollte es rund 1 kg geputztes Gemüse sein. Alle Blätter grob hacken.

2. 1,5 l Wasser in einem Suppentopf sprudelnd aufkochen. Das Gemüse darin abgedeckt 15–20 Minuten garen. 500 ml Kochflüssigkeit auffangen, den Rest abgießen.

3. Die Hälfte des Gemüses und die Hälfte der Bohnen mit der aufgefangenen Kochflüssigkeit in einem Mixer glatt pürieren. Beiseitestellen.

4. Das Öl in einem großen Topf bei mittlerer Temperatur erhitzen. Das Mehl zugeben und bei schwacher Hitze 10–15 Minuten unter Rühren anschwitzen, bis die Mischung nussbraun und relativ flüssig ist.

5. Sofort Zwiebel, Paprika und Sellerie zugeben und bei mittlerer Hitze unter ständigem Rühren 2–3 Minuten garen, bis die Mischung eindickt und das Gemüse rundum mit der Mehlschwitze überzogen ist. Knoblauch, Brühe, Lorbeerblätter, Paprikapulver, Thymian und Cayennepfeffer zufügen, dann die pürierte Gemüse-Bohnen-Mischung zugeben und alles abgedeckt 15 Minuten köcheln lassen.

6. Das verbliebene gegarte Gemüse und die restlichen Mottenbohnen in den Topf geben und abgedeckt weitere 15 Minuten köcheln lassen. Mit Essig, Salz und Pfeffer abschmecken. Lorbeerblatt und Thymianstängel herausnehmen und entsorgen. Den Gumbo sofort servieren. Nach Belieben scharfe Sauce dazu reichen.

LIEBER NICHT VEGETARISCH? Die Suppe mit 150 g gewürfelter geräucherter Pute verfeinern.

Nährwerte pro Portion
Brennwert 260 kcal | Fett 16 g | davon gesättigte Fette 10 g | Cholesterin 0 mg | Natrium 390 mg | Kohlenhydrate 25 g | Ballaststoffe 8 g | Zucker 4 g | Proteine 8 g

GRÜNER GAZPACHO MIT MUNGOBOHNEN

Der grüne Gazpacho ist eine Abwandlung der klassischen kalten Gemüsesuppe aus Spanien. Er schmeckt gut gekühlt am besten.

FÜR 4 PORTIONEN ▪ VORBEREITUNG 30 MIN

50 g Wilder Rucola

1 Salatgurke, geschält, entkernt und gehackt

1 Knoblauchzehe

125 g gegarte Mungobohnen

3 EL frisch gehacktes Koriandergrün

3 EL frisch gehackte Minze

3 Frühlingszwiebeln, geputzt und gehackt

1 Avocado, halbiert und entsteint

1 EL Olivenöl

2 TL Rotweinessig

Saft von 1 großen Zitrone

Salz und frisch gemahlener schwarzer Pfeffer

2 EL Schnittlauchröllchen

1 Handvoll gekeimte Mungobohnen (Bohnensprossen)

1. Rucola, Gurke, Knoblauch, Mungobohnen, Koriandergrün, Minze und Frühlingszwiebeln in einem Mixer fein hacken.

2. Avocadofruchtfleisch, Öl, Essig und Zitronensaft dazugeben und auf höchster Stufe mixen, dabei allmählich 300 ml kaltes Wasser zugießen. Mit Salz und Pfeffer abschmecken und ein weiteres Mal mixen.

3. In einen dicht schließenden Behälter füllen und mindestens 2 Stunden kalt stellen. Den Gazpacho in vier Schalen anrichten und mit Schnittlauch und Bohnensprossen bestreut servieren.

LIEBER NICHT VEGETARISCH? 450 g geschälte, entdarmte Garnelen mit Knoblauch braten und auf den Gazpacho geben.

AUCH LECKER Jede Portion mit 1 Esslöffel Avocadowürfel bestreuen und mit nativem Olivenöl beträufeln.

Nährwerte pro Portion
Brennwert 180 kcal | Fett 12 g | davon gesättigte Fette 2 g | Cholesterin 0 mg | Natrium 580 mg | Kohlenhydrate 17 g | Ballaststoffe 8 g | Zucker 5 g | Proteine 6 g

KÜRBISSUPPE MIT GELBEN LINSEN

Kürbisse mit orangefarbenem Fruchtfleisch sind besonders attraktiv. Der süßliche Geschmack wird beim Backen im Ofen noch intensiver und harmoniert mit Curry und Kokos.

FÜR 4 PORTIONEN ▪ VORBEREITUNG 20 MIN ▪ GARZEIT 1 STD 45 MIN

1 Kabocha-Kürbis (alternativ Hokkaido-Kürbis), entkernt und geviertelt
2 EL Olivenöl
1 Möhre, gehackt
1 Zwiebel, gehackt
1 Selleriestange, gehackt
1,25 l Gemüsebrühe
300 g ungegarte gelbe Linsen
2 TL Currypulver
½ TL gemahlener Ingwer
160 ml Kokosmilch (ungesüßt)
Salz und frisch gemahlener schwarzer Pfeffer
1 Limette, geviertelt
geröstete Kokosspäne zum Garnieren

1. Den Backofen auf 180 °C vorheizen. Die Kürbisviertel mit der Schnittfläche nach oben auf ein Backblech legen und mit 1 Esslöffel Öl beträufeln. 40 Minuten im Ofen garen, dann abkühlen lassen.

2. In der Zwischenzeit den verbliebenen Esslöffel Öl in einem großen Topf erhitzen. Möhre, Zwiebel und Sellerie darin bei mittlerer Hitze 5–10 Minuten glasig dünsten.

3. 750 ml Brühe und die gelben Linsen zufügen und alles aufkochen. Die Hitze reduzieren und die Suppe zugedeckt 45–60 Minuten köcheln lassen, bis die Linsen weich sind. Sie nehmen viel Flüssigkeit auf, darum nach Bedarf zusätzlich bis zu 500 ml Brühe zugießen.

4. Sobald die Linsen weich sind, das gegarte Kürbisfruchtfleisch aus der Schale lösen und in den Topf geben. Curry und Ingwer unterrühren und alles gut erwärmen. Mit dem Stabmixer glatt pürieren. Die Kokosmilch unterrühren und noch einmal erhitzen. Die Kürbissuppe mit Salz und Pfeffer kräftig abschmecken und servieren. Limettenspalten und Kokosspäne separat dazu reichen.

Nährwerte pro Portion
Brennwert 322 kcal | Fett 15 g | davon gesättigte Fette 8 g | Cholesterin 0 mg | Natrium 287 mg | Kohlenhydrate 41 g | Ballaststoffe 13 g | Zucker 4 g | Proteine 8 g

MISO-NUDEL-SUPPE MIT MUNGOBOHNEN

Mungobohnen geben dieser asiatischen Suppe knackigen Biss und reichern sie mit wertvollen Proteinen an.

FÜR 6 PORTIONEN ▪ VORBEREITUNG 15 MIN ▪ GARZEIT 15 MIN

- 1,25 l Gemüsefond oder salzarme Gemüsebrühe
- 3 EL weiße Misopaste
- 1 EL frisch geriebener Ingwer
- 2 Knoblauchzehen, fein gehackt
- 2 EL Reisweinessig
- 2 TL helle Sojasauce
- 85 g ungegarte Udon-Nudeln
- 250 g gegarte Mungobohnen
- 200 g schnittfester Tofu, abgetropft und gewürfelt
- 140 g Chinakohl oder Wirsing, in sehr feine Streifen geschnitten
- 50 g Frühlingszwiebeln, in Ringe geschnitten, zum Garnieren

1. Fond, Misopaste, Ingwer, Knoblauch, Essig und Sojasauce in einem großen Topf verrühren.

2. Aufkochen und die Udon-Nudeln zufügen. Bei schwacher Hitze 5–6 Minuten köcheln lassen, bis die Nudeln fast gar sind.

3. Mungobohnen, Tofu und Kohl zufügen und weitere 5 Minuten köcheln lassen. Dann sollten die Nudeln gar und der Tofu heiß sein.

4. In Suppenschalen füllen und mit Frühlingszwiebeln garniert sofort servieren.

LIEBER NICHT VEGETARISCH? Geben Sie mit den Mungobohnen 225 g gegarte, geschälte Garnelen in die Suppe.

Nährwerte pro Portion
Brennwert 160 kcal | Fett 3 g | davon gesättigte Fette 0 g | Cholesterin 0 mg | Natrium 630 mg | Kohlenhydrate 24 g | Ballaststoffe 6 g | Zucker 5 g | Proteine 11 g

GRÜNE MINESTRONE
MIT RUCOLA-PESTO

Diese Version des italienischen Klassikers kommt ohne rotes Gemüse aus. Verfeinert wird die Suppe mit einem Klecks selbst gemachtem Pesto.

FÜR 6 PORTIONEN ▪ VORBEREITUNG 50 MIN ▪ GARZEIT 40 MIN

120 ml Olivenöl plus 1 EL
1 große Stange Lauch
1 große Selleriestange, gewürfelt
1 Knoblauchzehe, fein gehackt
1,25 l Gemüsebrühe
1 Lorbeerblatt
1 Zweig Thymian
1 Prise Chiliflocken
450 g gegarte weiße Bohnen
1 kleine Zucchini, gewürfelt
125 g grüne Bohnen, geputzt und in 3 cm lange Stücke geschnitten
1 EL gehackte Basilikumblätter
125 g Erbsen (TK), aufgetaut
90 g Wirsing, klein geschnitten
½ TL gehackter Oregano
Salz und frisch gemahlener schwarzer Pfeffer
2 Handvoll Wilder Rucola
60 g Pinienkerne, geröstet
125 g geriebener Parmesan
1 TL abgeriebene Zitronenschale (bio)

1. In einem mittelgroßen Suppentopf 1 Esslöffel Öl erhitzen. Den Lauch putzen, in Ringe schneiden und bei mittlerer bis schwacher Hitze 2–3 Minuten dünsten, bis er fast weich ist. Sellerie und Knoblauch zufügen und 2–3 Minuten mitgaren.

2. Brühe, Lorbeerblatt, Thymian, Chiliflocken und weiße Bohnen in den Topf geben. Aufkochen, dann die Temperatur reduzieren und alles abgedeckt 15 Minuten köcheln lassen, bis die Bohnen gut durchgewärmt sind.

3. Zucchini, grüne Bohnen, Basilikum, Erbsen, Wirsing und Oregano zugeben und weitere 15 Minuten köcheln lassen, bis das Gemüse gar ist. Mit Salz und Pfeffer abschmecken.

4. In der Zwischenzeit für das Pesto Rucola, Pinienkerne, Parmesan und Zitronenschale im Mixer pürieren. Bei laufendem Motor langsam das Öl unterrühren.

5. Das Lorbeerblatt entfernen und die Suppe auf sechs Schalen verteilen. Auf jede Portion ½ Esslöffel Pesto geben und sofort servieren.

LIEBER NICHT VEGETARISCH? In Schritt 3 zusammen mit dem Gemüse 140 g gegartes, gewürfeltes Hühnerfleisch in die Suppe geben.

Nährwerte pro Portion
Brennwert 390 kcal | Fett 20 g | davon gesättigte Fette 5 g | Cholesterin 10 mg | Natrium 410 mg | Kohlenhydrate 30 g | Ballaststoffe 11 g | Zucker 5 g | Proteine 15 g

KARIBISCHE BOHNEN-LINSEN-SUPPE

Paprikapulver und Jalapeño verleihen ihr die Würze, schwarze Bohnen und Belugalinsen machen sie zu einer herzhaften, sättigenden Mahlzeit.

FÜR 4 PORTIONEN ▪ VORBEREITUNG 25 MIN, PLUS 8 STD EINWEICHEN ▪ GARZEIT 30 MIN

1 EL Pflanzenöl

120 g Zwiebeln, gewürfelt

Je 75 g rote und grüne Paprika, entkernt und gewürfelt

1 kleine Jalapeño-Chili, entkernt und fein gehackt

1 EL fein gehackter Knoblauch

1 l Gemüsebrühe

1 Lorbeerblatt

350 g ungegarte schwarze Bohnen, eingeweicht, abgespült und abgetropft

175 g Belugalinsen

1½ TL gemahlener Piment

¼ TL Cayennepfeffer

½ TL Rauchpaprika

Saft von 2 Limetten

Salz und frisch gemahlener schwarzer Pfeffer

Gehacktes Koriandergrün zum Garnieren

1. Das Öl in einem mittelgroßen Suppentopf erhitzen. Zwiebeln, Paprika und Chili darin bei mittlerer Hitze 4–5 Minuten dünsten, bis das Gemüse fast weich ist. Den Knoblauch zugeben und 1–2 Minuten mitbraten.

2. Brühe, Lorbeerblatt, schwarze Bohnen, Belugalinsen, Piment, Cayennepfeffer und Rauchpaprika zufügen und alles aufkochen. Dann die Temperatur reduzieren und die Suppe abgedeckt 45 Minuten köcheln lassen, bis sie leicht eingedickt ist und die schwarzen Bohnen gar sind.

3. Den Limettensaft unterrühren und die Suppe mit Salz und Pfeffer abschmecken. Vor dem Servieren das Lorbeerblatt entfernen und die Suppe mit frischem Koriandergrün bestreuen.

LIEBER NICHT VEGETARISCH? Für zusätzliche Würze eine gegarte geräucherte Wurst (80–100 g) mit der Paprika in Schritt 1 zugeben.

Nährwerte pro Portion
Brennwert 400 kcal | Fett 7 g | davon gesättigte Fette 3 g | Cholesterin 0 mg | Natrium 150 mg | Kohlenhydrate 68 g | Ballaststoffe 17 g | Zucker 7 g | Proteine 21 g

MULLIGATAWNEY MIT GELBEN LINSEN

Mulligatwaney ist ein anglo-indischer Klassiker, allerdings mit vielen Rezeptvarianten.

FÜR 8 PORTIONEN ▪ VORBEREITUNG 25 MIN ▪ GARZEIT 50 MIN

2 EL Kokosöl

1 Zwiebel, gewürfelt

2 Selleriestangen, gewürfelt

2 Möhren, gewürfelt

3 Knoblauchzehen, gehackt

¾ TL Currypulver

¾ TL gemahlener Koriander

¼ TL Cayennepfeffer

200 g ungegarte gelbe Linsen

1 Dose gehackte Tomaten (400 g)

1 l Gemüsebrühe

400 ml Kokosmilch

Saft von 2 Limetten

Salz und frisch gemahlener schwarzer Pfeffer

Frisch gehacktes Koriandergrün zum Garnieren

1. Das Kokosöl in einem Topf auf mittlerer Stufe erhitzen. Zwiebel, Sellerie und Möhren darin 2–3 Minuten braten. Den Knoblauch zugeben und 1 weitere Minute braten.

2. Currypulver, Koriander und Cayennepfeffer unterrühren und 1 Minute mitgaren. Linsen, Tomaten, Brühe und Kokosmilch zufügen und umrühren. Aufkochen, dann die Hitze reduzieren und abgedeckt 20–35 Minuten köcheln lassen, bis die Linsen weich sind.

3. Den Limettensaft einrühren und mit Salz und Pfeffer abschmecken. Mit Koriander garniert sofort servieren.

Nährwerte pro Portion
Brennwert 200 kcal | Fett 9 g | davon gesättigte Fette 7 g | Cholesterin 0 mg | Natrium 190 mg | Kohlenhydrate 24 g | Ballaststoffe 6 g | Zucker 6 g | Proteine 7 g

ERBSEN-BOHNEN-CHILI MIT KÜRBIS

Kürbis mag für ein Chili eher ungewöhnlich sein, aber seine Süße harmoniert sehr gut mit der Schärfe der Suppe.

FÜR 6 PORTIONEN ▪ VORBEREITUNG 25 MIN ▪ GARZEIT 50 MIN

1 EL Olivenöl
1 kleine Zwiebel, gewürfelt
2 Knoblauchzehen, fein gehackt
1 kleine Jalapeño-Chili, entkernt und gehackt
1 Dose gehackte Tomaten (400 g)
2½ TL gemahlener Kreuzkümmel
1½ TL Chipotle-Chilipulver
500 ml Gemüsebrühe
375 g gegarte Straucherbsen oder Augenbohnen
400 g gegarte Adzukibohnen
115 g Gemüsemais
425 g gegartes Kürbisfruchtfleisch, zerdrückt
Salz und frisch gemahlener schwarzer Pfeffer
Frisch gehacktes Koriandergrün zum Garnieren

1. Das Öl in einem großen Topf erhitzen. Die Zwiebel darin bei mittlerer bis schwacher Hitze 2–3 Minuten glasig dünsten. Knoblauch und Chili zufügen und 1 Minute mitgaren.

2. Tomaten, Kreuzkümmel und Chilipulver zugeben. Die Brühe zugießen, aufkochen und alles bei schwacher Hitze 5 Minuten köcheln lassen. Dann Erbsen (oder Augenbohnen), Adzukibohnen und Mais zufügen. Wieder aufkochen lassen, die Temperatur reduzieren und abgedeckt 20 Minuten köcheln lassen.

3. Das Kürbisfleisch unterrühren und die Suppe weitere 10 Minuten köcheln lassen. Mit Salz und Pfeffer abschmecken. In sechs Schalen anrichten und mit Koriandergrün bestreut sofort servieren.

LIEBER NICHT VEGETARISCH? In Schritt 1 mit der Zwiebel 225 g Geflügelhack anbraten.

Nährwerte pro Portion
Brennwert 360 kcal | Fett 4 g | davon gesättigte Fette 0,5 g | Cholesterin 0 mg | Natrium 180 mg | Kohlenhydrate 68 g | Ballaststoffe 16 g | Zucker 9 g | Proteine 15 g

PERLBOHNEN-BISQUE MIT KICHERERBSEN

Auch wenn sie keine veritable Bisque ist, erinnert die Suppe doch mit ihrer samtigen Textur daran. Sie ist eine ausgezeichnete Vorspeise, wenn Sie abends Gäste haben.

FÜR 4 PORTIONEN ▪ VORBEREITUNG 15 MIN ▪ GARZEIT 30 MIN

1 EL Olivenöl, plus etwas mehr zum Beträufeln

1 Stange Lauch (nur der weiße Teil), in Ringe geschnitten

1 Knoblauchzehe, fein gehackt

1 EL trockener Wermut

750 ml Gemüsebrühe

450 g gegarte weiße Bohnen

175 g gegarte Kichererbsen

60 g Sahne

Salz und frisch gemahlener schwarzer Pfeffer

Gehackte geröstete Haselnüsse zum Garnieren

1. Das Öl in einem großen Topf stark erhitzen. Den Lauch darin bei mittlerer bis schwacher Hitze 4–5 Minuten glasig dünsten. Den Knoblauch dazugeben und 2 Minuten mitgaren.

2. Mit dem Wermut beträufeln und 1–2 Minuten erhitzen. Brühe, weiße Bohnen und Kichererbsen in den Topf geben und das Ganze aufkochen. Die Temperatur reduzieren und alles abgedeckt 15 Minuten köcheln. Dann vom Herd nehmen und 5–10 Minuten abkühlen lassen.

3. Die Suppe mit einem Stabmixer glatt pürieren. Die Sahne unterrühren, nochmals erhitzen und mit Salz und Pfeffer abschmecken. In Schalen anrichten, mit Haselnüssen bestreuen und mit etwas Olivenöl beträufeln. Sofort servieren.

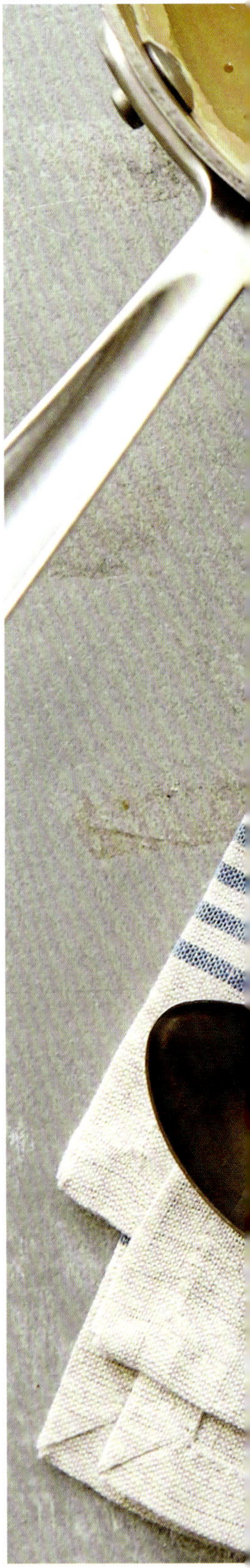

Nährwerte pro Portion
Brennwert 270 kcal | Fett 6 g | davon gesättigte Fette 2 g | Cholesterin 10 mg | Natrium 390 mg | Kohlenhydrate 41 g | Ballaststoffe 14 g | Zucker 5 g | Proteine 12 g

ERBSENSUPPE MIT QUINOA & GRÜNKOHL

Eine sättigende Suppe, die aber nicht schwer im Magen liegt. Mit ihren Superfood-Zutaten ist sie ein echter Kraftstoff und liefert Vitamine, Ballaststoffe und Proteine.

FÜR 4 PORTIONEN ▪ VORBEREITUNG 25 MIN ▪ GARZEIT 50 MIN

1 EL Olivenöl
1 kleine Zwiebel, gewürfelt
1 große Möhre, gewürfelt
1 Selleriestange, gewürfelt
1 Knoblauchzehe, fein gehackt
1 Prise Chiliflocken
Blättchen von 3 Thymianzweigen
1 Lorbeerblatt
1,75 l Gemüsebrühe
1 Dose gehackte Tomaten (400 g)
175 g ungegarte Quinoa tricolore
325 g gegarte Straucherbsen oder Augenbohnen
140 g frischer Grünkohl, gehackt
Salz und frisch gemahlener schwarzer Pfeffer

1. Das Öl in einem großen Topf stark erhitzen. Zwiebel, Möhre und Sellerie darin bei mittlerer Hitze 3–4 Minuten andünsten, aber nicht bräunen. Den Knoblauch zufügen und 2 Minuten mitdünsten.

2. Chiliflocken, Thymian und Lorbeer in den Topf geben, gut umrühren und 1 Minute mitgaren. Brühe und Tomaten dazugeben und aufkochen, dann die Quinoa unterrühren. Die Temperatur reduzieren und alles mit schräg aufgelegtem Deckel 25 Minuten köcheln lassen.

3. Erbsen (oder Augenbohnen) und den Grünkohl in den Topf geben. Weitere 10 Minuten köcheln lassen, bis der Kohl weich ist. Mit Salz und Pfeffer abschmecken. Das Lorbeerblatt herausnehmen und entsorgen. Die Suppe sofort servieren.

LIEBER NICHT VEGETARISCH? Das Brät aus zwei Bratwürsten zeitgleich mit dem Knoblauch in den Topf geben.

Nährwerte pro Portion
Brennwert 380 kcal | Fett 7 g | davon gesättigte Fette 0,5 g | Cholesterin 0 mg | Natrium 740 mg | Kohlenhydrate 67 g | Ballaststoffe 15 g | Zucker 14 g | Proteine 15 g

SÜDSTAATEN-BOHNENSUPPE

Eine herzhafte Suppe mit den Aromen von Chili, Limette und Koriander.

FÜR 6 PORTIONEN ▪ VORBEREITUNG 10 MIN, PLUS 8 STD EINWEICHEN ▪ GARZEIT 1 STD 10 MIN

1 EL Olivenöl
1 Zwiebel, gewürfelt
1 kleine Jalapeño-Chili, entkernt und gehackt
1 Knoblauchzehe, gehackt
1 l Gemüsebrühe
1 TL gemahlener Kreuzkümmel
1 TL Rauchpaprika
1 TL getrockneter Oregano
1 TL Ancho-Chilipulver
450 g weiße Bohnen, mindestens 8 Stunden eingeweicht, abgespült und abgetropft
Saft von 1 Limette
1 EL gehacktes Koriandergrün
Salz und frisch gemahlener schwarzer Pfeffer

1. Das Öl in einem Suppentopf erhitzen, bis es schimmert. Zwiebel und Chili darin 5–10 Minuten weich dünsten. Den Knoblauch zufügen und 1 Minute mitgaren.

2. Brühe, Kreuzkümmel, Rauchpaprikapulver, Oregano und Chilipulver in den Topf geben, die weißen Bohnen gut unterrühren. Alles aufkochen und anschließend abgedeckt 45–60 Minuten köcheln lassen, bis die Bohnen vollständig weich sind.

3. Etwa 200 ml Suppe in einem Mixer glatt pürieren, wieder in den Topf geben und umrühren.

4. Limettensaft und Koriandergrün unterrühren. Mit Salz und Pfeffer abschmecken und sofort servieren.

LIEBER NICHT VEGETARISCH? 60 g Kochschinken würfeln und in Schritt 2 zur Suppe geben.

Nährwerte pro Portion
Brennwert 280 kcal | Fett 3,5 g | davon gesättigte Fette 0 g | Cholesterin 0 mg | Natrium 290 mg | Kohlenhydrate 47 g | Ballaststoffe 18 g | Zucker 5 g | Proteine 16 g

TOMATENSUPPE MIT SPALTERBSEN

Chipotle-Chili und fruchtige Tomaten geben dieser Suppe ein sommerliches Aroma.

FÜR 6 PORTIONEN ▪ VORBEREITUNG 25 MIN ▪ GARZEIT 50 MIN

1 EL Olivenöl
1 Zwiebel, gehackt
1 Möhre, gewürfelt
1 Selleriestange, gewürfelt
1 Knoblauchzehe, gehackt
1 Dose gehackte Tomaten (400 g)
350 g gegarte gelbe Spalterbsen
1 Chipotle-Chili in Adobo-Sauce, gehackt
750 ml Gemüsebrühe
1 TL gemahlener Koriander
Saft von 1 Limette
80 g Sahne
Salz und frisch gemahlener schwarzer Pfeffer

1. Das Öl in einem Suppentopf stark erhitzen. Zwiebel, Möhre und Sellerie darin bei mittlerer Hitze 5–10 Minuten weich dünsten. Den Knoblauch zugeben und 1–2 Minuten mitgaren.

2. Tomaten, Spalterbsen, Chili, Brühe und Koriander in den Topf geben und alles verrühren. Aufkochen, dann abgedeckt 20–25 Minuten köcheln lassen. 5–10 Minuten abkühlen lassen.

3. In einem Mixer portionsweise glatt pürieren, dann wieder erhitzen. Falls ein Stabmixer verwendet wird, bleibt die Suppe warm.

4. Limettensaft und Sahne unterrühren. Mit Salz und Pfeffer abschmecken und sofort servieren.

FÜR VEGANER Statt Sahne dieselbe Menge Kokoscreme verwenden.

Nährwerte pro Portion
Brennwert 230 kcal | Fett 8 g | davon gesättigte Fette 3,5 g | Cholesterin 20 mg | Natrium 380 mg | Kohlenhydrate 32 g | Ballaststoffe 11 g | Zucker 8 g | Proteine 9 g

SPINATCREMESUPPE MIT MUNGOBOHNEN

Diese hellgrüne Suppe sieht gesund aus und schmeckt auch noch sagenhaft gut. Servieren Sie dazu frisch gebackenes Brot.

FÜR 4 PORTIONEN ▪ VORBEREITUNG 25 MIN ▪ GARZEIT 40 MIN

1 EL Butter
1 Zwiebel, gewürfelt
1 Knoblauchzehe, fein gehackt
1 Kartoffel, geschält und in 1 cm große Stücke geschnitten
750 ml Gemüsebrühe
175 g junger Blattspinat
175 g gegarte Mungobohnen
2 EL trockener Sherry
1 Msp. Cayennepfeffer
1 Msp. geriebene Muskatnuss
Salz und frisch gemahlener schwarzer Pfeffer
20 g geriebener Parmesan

1. Die Butter in einem Suppentopf bei mittlerer Hitze zerlassen. Die Zwiebel darin 3–4 Minuten glasig dünsten. Den Knoblauch zufügen und 2 Minuten mitgaren.

2. Die Kartoffel dazugeben und weitere 2–3 Minuten braten. 500 ml Brühe zugießen, aufkochen und anschließend bei reduzierter Hitze abgedeckt 12–15 Minuten köcheln lassen, bis die Kartoffelstücke weich sind.

3. Spinat und Mungobohnen in den Topf geben und 5 Minuten erhitzen, bis der Spinat zusammengefallen ist. Abkühlen lassen.

4. Die Suppe in einem Mixer glatt pürieren. Wieder in den Topf gießen und Sherry, Cayennepfeffer und Muskat unterrühren. Von der verbliebenen Brühe so viel zugießen, bis die Suppe die gewünschte Konsistenz hat. Mit Salz und Pfeffer abschmecken.

5. Die Suppe bei mittlerer Hitze wieder erwärmen. In Schalen füllen, mit Parmesan bestreuen und sofort servieren.

FÜR VEGANER Anstelle der Butter dieselbe Menge Kokosöl verwenden und den Parmesan weglassen.

AUCH LECKER Mit glatter Petersilie oder Brunnenkresse bestreuen, damit es noch grüner wird.

Nährwerte pro Portion
Brennwert 180 kcal | Fett 5 g | davon gesättigte Fette 3 g | Cholesterin 15 mg | Natrium 800 mg | Kohlenhydrate 25 g | Ballaststoffe 6 g | Zucker 4 g | Proteine 8 g

BOHNENTOPF MIT ERDNÜSSEN

Erdnüsse gehören in Teilen Afrikas zu den Grundnahrungsmitteln. Diese Suppe wird mit cremigem Erdnussmus, milden Bohnen und pikantem Gemüse zubereitet.

FÜR 6 PORTIONEN ▪ VORBEREITUNG 25 MIN ▪ GARZEIT 50 MIN

1 EL Kokosöl
1 kleine Zwiebel, gehackt
1 Knoblauchzehe, fein gehackt
1 große Süßkartoffel, geschält und in 3 cm dicke Würfel geschnitten
1 TL Ancho-Chilipulver
½ TL Cayennepfeffer
1 Dose gehackte Tomaten (400 g)
600 ml Gemüsebrühe
125 g Erdnussmus ohne Stückchen
450 g gegarte Pintobohnen
100 g Senfkohl, gehackt
Salz und frisch gemahlener schwarzer Pfeffer
Gehacktes Koriandergrün zum Garnieren

1. Das Öl in einem mittelgroßen Suppentopf stark erhitzen. Die Zwiebel darin bei mittlerer Hitze 2–3 Minuten glasig dünsten. Den Knoblauch zugeben und 1 Minute mitgaren.

2. Süßkartoffel, Chilipulver und Cayennepfeffer unterrühren. Gehackte Tomaten und Brühe zugießen und aufkochen. Anschließend bei schwacher Hitze ohne Deckel 5 Minuten köcheln lassen.

3. Das Erdnussmus zugeben und erneut aufkochen, dann die Temperatur reduzieren und alles abgedeckt 10 Minuten köcheln lassen.

4. Pintobohnen und Senfkohl unterrühren. Wieder zum Kochen bringen und weitere 15 Minuten bei reduzierter Hitze zugedeckt köcheln lassen. Mit Salz und Pfeffer abschmecken und mit Koriandergrün garniert sofort servieren.

LIEBER NICHT VEGETARISCH? 200 g Chorizo oder geräucherte rohe Andouille (Wurst aus Innereien) in mundgerechte Stücke schneiden und in Schritt 1 mit der Zwiebel zugeben.

Nährwerte pro Portion
Brennwert 330 kcal | Fett 14 g | davon gesättigte Fette 4,5 g | Cholesterin 0 mg | Natrium 220 mg | Kohlenhydrate 40 g | Ballaststoffe 13 g | Zucker 8 g | Proteine 16 g

SALATE & BEILAGEN

SÜSSKARTOFFEL-BELUGALINSEN-SALAT

MIT HONIG-ZITRONEN-DRESSING

Nussige Linsen und gebackene Süßkartoffel gehen hier eine interessante Kombination ein – auch farblich.

FÜR 2 PORTIONEN ▪ VORBEREITUNG 25 MIN PLUS ABKÜHLEN ▪ GARZEIT 45 MIN

- 1 große Süßkartoffel, geschält und gewürfelt
- 1 Msp. Rauchpaprika
- 2 EL Olivenöl
- Salz und frisch gemahlener schwarzer Pfeffer
- 300 g ungegarte Belugalinsen
- 2 Frühlingszwiebeln, geputzt und in feine Ringe geschnitten
- 1 große Selleriestange, in kleine Stücke geschnitten, einige Blätter zum Garnieren aufbewahren
- 30 g Feta, zerbröselt
- 1 EL Honig oder Agavensirup, leicht erwärmt
- Saft von 1 Zitrone

1. Den Backofen auf 180 °C vorheizen. Die Süßkartoffelwürfel auf einem Backblech mit Rauchpaprika und 1 Esslöffel Öl mischen und nebeneinander verteilen. Mit Salz und Pfeffer würzen. Etwa 25 Minuten im Backofen garen, bis die Süßkartoffelwürfel weich sind und an den Rändern braun werden. Zwischendurch einmal wenden. Aus dem Ofen nehmen und auf Zimmertemperatur abkühlen lassen.

2. In der Zwischenzeit in einem Topf 750 ml Wasser zum Kochen bringen. Die Linsen darin 2–3 Minuten sprudelnd kochen, dann abdecken und 25–30 Minuten sanft köcheln lassen, bis sie gar, aber noch bissfest sind. In einen feinen Sieb abtropfen und auf Zimmertemperatur abkühlen lassen.

3. Linsen, Süßkartoffel, Frühlingszwiebeln, Sellerie und Feta in eine Schüssel geben und gut mischen. Honig, Zitronensaft und den verbliebenen Esslöffel Öl darüberträufeln und alles vermengen. Mit Salz und Pfeffer abschmecken, mit den Sellerieblättern garnieren und servieren.

FÜR VEGANER Anstelle von Feta einen Käse auf Nussbasis verwenden.

Nährwerte pro Portion
Brennwert 480 kcal | Fett 19 g | davon gesättigte Fette 5 g | Cholesterin 15 mg | Natrium 1380 mg | Kohlenhydrate 63 g | Ballaststoffe 11 g | Zucker 16 g | Proteine 17 g

AVOCADOS MIT DREIERLEI BOHNEN

Avocados, Mais und Koriander sind typische Zutaten der südwestamerikanischen Küche. Die drei Bohnensorten steuern wertvolle Proteine bei, die Avocado liefert gesunde Fette.

FÜR 8 PORTIONEN ▪ VORBEREITUNG 20 MIN ▪ GARZEIT 15 MIN

1 Maiskolben

85 g gegarte schwarze Bohnen

75 g gegarte Straucherbsen oder Augenbohnen

85 g gegarte Mungobohnen oder 30 g Mungobohnensprossen

85 g gegarter Dinkel

1 orangefarbene oder gelbe Paprika, entkernt und gewürfelt

3 EL saure Sahne

¼ TL Rauchpaprika

½ TL gemahlener Kreuzkümmel

1 TL Rotweinessig

Saft von 2 mittelgroßen Limetten

1 EL Olivenöl

Salz und frisch gemahlener schwarzer Pfeffer

4 reife Avocados

1 EL Koriandergrün, gehackt

1. Den Maiskolben auf einem Grill einige Minuten rundherum dunkelbraun rösten. Abkühlen lassen.

2. In der Zwischenzeit schwarze Bohnen, Straucherbsen (oder Augenbohnen), Mungobohnen (oder Sprossen), Dinkel und Paprika in einer großen Schüssel mischen. Die Maiskörner vorsichtig vom Kolben schneiden und ebenfalls in die Schüssel geben.

3. Für das Dressing saure Sahne, Rauchpaprika, Kreuzkümmel, Essig und Limettensaft in einer kleinen Schüssel verquirlen. Das Öl zugeben und nochmals gut verrühren.

4. Das Dressing über die Bohnenmischung gießen und unterheben. Mit Salz und Pfeffer abschmecken.

5. Die Avocados längs halbieren und Samen entfernen. Die Bohnenmischung auf die Avocadohälften verteilen. Auf Tellern anrichten und mit Koriandergrün garniert servieren.

Nährwerte pro Portion
Brennwert 310 kcal | Fett 18 g | davon gesättigte Fette 3,5 g | Cholesterin 0 mg | Natrium 300 mg | Kohlenhydrate 34 g | Ballaststoffe 12 g | Zucker 5 g | Proteine 8 g

KOHLSCHÄLCHEN
MIT SPROSSEN & TOFU

Ein klassischer Salat aus Thailand wird hier mit gekeimten Linsen und Mungobohnen in knackigen Kohlblättern angerichtet.

ERGIBT 8 STÜCK ▪ VORBEREITUNG 30 MIN ▪ GARZEIT 20 MIN

Saft von 3 großen Limetten
2 EL Reisweinessig
2 Knoblauchzehen, fein gehackt
1 TL frisch geriebener Ingwer
2 EL Sojasauce
2 rote Thai-Chilis, entkernt und fein gehackt
350 g fester Tofu, abgetropft
2½ EL Sesamöl
75 g gekeimte braune Linsen
75 g Mungobohnensprossen
10 g frisch gehackte Minze
10 g gehacktes Koriandergrün
8 kleine Blätter Wirsing oder Eisbergsalat
75 g ungesalzene Erdnüsse, geröstet und gehackt

1. Für das Dressing in einer großen Schüssel Limettensaft, Essig, Knoblauch, Ingwer, Sojasauce und Chili verquirlen. Beiseitestellen.

2. Den Tofu mit Küchenpapier abtupfen und grob hacken oder zerbröseln. Das Sesamöl in einer Pfanne erhitzen. Den Tofu in der Pfanne unter ständigem Rühren mit einem Holzlöffel bei mittlerer Hitze 10–12 Minuten braten, bis er krümelig und leicht gebräunt ist.

3. Den Tofu in die Schüssel geben und mit dem Dressing mischen. Linsensprossen, Mungobohnensprossen, Minze und Koriandergrün zufügen und alles vermengen. Die Mischung gleichmäßig auf die Wirsingblättern verteilen. Mit gehackten Erdnüssen bestreut sofort servieren.

LIEBER NICHT VEGETARISCH? Für das traditionelle Gericht wird statt Tofu 350 g gegartes Geflügelhack verwendet.

Nutrition pro Kohlschälchen
Brennwert 180 kcal | Fett 11 g | davon gesättigte Fette 1,5 g | Cholesterin 0 mg | Natrium 280 mg | Kohlenhydrate 12 g | Ballaststoffe 5 g | Zucker 4 g | Proteine 9 g

URDBOHNENSALAT MIT GRÜNKOHL
UND MISO-TAHINI-DRESSING

Eine überraschende Kombination aus knackigem Grünkohl, knuspriger Kokosnuss, cremigen Bohnen und fruchtig-säuerlichem Dressing.

FÜR 6 PORTIONEN ▪ VORBEREITUNG 35 MIN

50 Kokosspäne
3 EL Tahini
1½ EL Misopaste
Saft von 1 großen Limette
1 TL Sojasauce
2 TL Honig
2 EL Reisweinessig
¼ TL Chiliflocken
1 kleiner Grünkohl, Strünke entfernt, Blätter gehackt
175 g gegarte Urdbohnen
Salz und frisch gemahlener schwarzer Pfeffer

1. Die Kokosspäne in einer kleinen Pfanne bei mittlerer bis schwacher Hitze 4–5 Minuten ohne Fett goldgelb rösten. Die Pfanne vom Herd nehmen und die Kokosspäne komplett abkühlen lassen.

2. Für das Dressing Tahini, Misopaste, Limettensaft, Sojasauce, Honig, Reisweinessig und Chiliflocken in einer kleinen Schüssel verrühren, dann 60 ml kaltes Wasser zugießen und das Dressing glatt rühren.

3. Den Grünkohl und ⅔ des Dressings in eine große Salatschüssel geben. Mit den Händen das Dressing 1–2 Minuten in den Grünkohl einarbeiten und den Kohl dabei kneten, bis er etwas weicher wird.

4. Kokosspäne und Urdbohnen zum Grünkohl geben und alle Zutaten vermengen. Bei Bedarf mehr Dressing zugeben. Mit Salz und Pfeffer abschmecken und sofort servieren.

LIEBER NICHT VEGETARISCH? Um daraus ein Hauptgericht mit Fleisch zu machen, können Sie pro Portion 80–100 g gegarte, in Scheiben geschnittene Hähnchenbrust zugeben.

Nährwerte pro Portion
Brennwert 210 kcal | Fett 13 g | davon gesättigte Fette 8 g | Cholesterin 0 mg | Natrium 370 mg | Kohlenhydrate 19 g | Ballaststoffe 7 g | Zucker 5 g | Proteine 8 g

GEGRILLTER RÖMERSALAT MIT MOTTENBOHNEN
UND PAPRIKA-VINAIGRETTE

Durch das Grillen bekommt der Salat ein herrlich rauchiges Aroma. Unbedingt probieren!

FÜR 6 PORTIONEN ▪ VORBEREITUNG 20 MIN ▪ GARZEIT 20 MIN

100 g gegrillte rote Paprika (aus dem Glas), abgetropft

1 große Knoblauchzehe

1 EL Rotweinessig

1 TL frisch gehackter Oregano

1 TL frisch gehacktes Basilikum

3 EL Olivenöl

Salz und frisch gemahlener schwarzer Pfeffer

3 Römersalatherzen

175 g gegarte Mottenbohnen oder Urdbohnen

120 g Ziegenweichkäse

1. Paprika, Knoblauch, Essig, Oregano und Basilikum im Mixer pürieren. Bei laufendem Motor 2 Esslöffel Öl zufügen und einarbeiten. Mit Salz und Pfeffer abschmecken.

2. Jedes Salatherz längs halbieren, dabei darauf achten, dass es nicht zerfällt. Eine Grillpfanne erhitzen. Die Salatherzen mit dem verbliebenen Esslöffel Öl beträufeln und von jeder Seite 1–3 Minuten braten, bis sie leicht gebräunt sind.

3. Die Salatherzen auf Tellern anrichten. Bohnen und Ziegenkäse darauf verteilen, dann alles mit dem Dressing beträufeln und mit schwarzem Pfeffer bestreuen. Sofort servieren.

FÜR VEGANER Anstelle des Ziegenkäses eine vegane Käsesorte verwenden.

AUCH LECKER Mit 3 EL Kapern schmeckt der Salat noch würziger.

Nährwerte pro Portion
Brennwert 200 kcal | Fett 13 g | davon gesättigte Fette 5 g | Cholesterin 15 mg | Natrium 390 mg | Kohlenhydrate 14 g | Ballaststoffe 7 g | Zucker 4 g | Proteine 9 g

GADO GADO MIT MUNGOBOHNEN

Gado Gado ist ein Salat aus Indonesien. Sein Name bedeutet schlicht »mischen-mischen«. Er wird stets mit einem scharfen Erdnussdressing serviert und hier von Gemüse und Hülsenfrüchten begleitet.

FÜR 4 PORTIONEN ▪ VORBEREITUNG 45 MIN

- 125 g Erdnussmus ohne Stückchen
- 1 TL Knoblauchpulver
- 1½ TL gemahlener Ingwer
- 1 TL Chiliflocken
- 1½ TL Sojasauce
- Saft von 2 Limetten
- 1 TL Reisweinessig
- 1 kleine Rote Bete, geschält
- 150 g Wirsing, in Streifen geschnitten
- 85 g gegarte Mungobohnen
- 85 g Kirschtomaten, halbiert
- 40 g Mungobohnensprossen
- 75 g grüne Bohnen, in mundgerechte Stücke geschnitten, blanchiert und abgetropft
- 2 Eier, hart gekocht und geviertelt

1. Für das Dressing in einer kleinen Schüssel Erdnussmus, Knoblauchpulver, Ingwer, Chiliflocken, Sojasauce, Limettensaft und Essig verrühren. Etwa 180 ml Wasser zugeben und rühren, bis die Zutaten sich gut verbunden haben. Beiseitestellen.

2. Die Rote Bete mit einem Spiralschneider in feine Streifen schneiden.

3. Eine Servierplatte gleichmäßig mit dem Wirsing auslegen. Mungobohnen, Kirschtomaten, Mungobohnensprossen, Rote-Bete-Spiralen, grüne Bohnen und hart gekochte Eier separat darauf anrichten. Sofort mit dem Dressing servieren. Die Gäste können die Zutaten selbst auf ihren Tellern mischen.

FÜR VEGANER Die Eier durch 225 g gewürfelten, gebratenen Tofu oder Tempeh ersetzen.

LIEBER NICHT VEGETARISCH? Geben Sie zusätzlich Streifen von einem gebratenen Steak (170 g) auf den Salat.

Nährwerte pro Portion
Brennwert 360 kcal | Fett 24 g | davon gesättigte Fette 0 g | Cholesterin 255 mg | Natrium 390 mg | Kohlenhydrate 21 g | Ballaststoffe 21 g | Zucker 8 g | Proteine 21 g

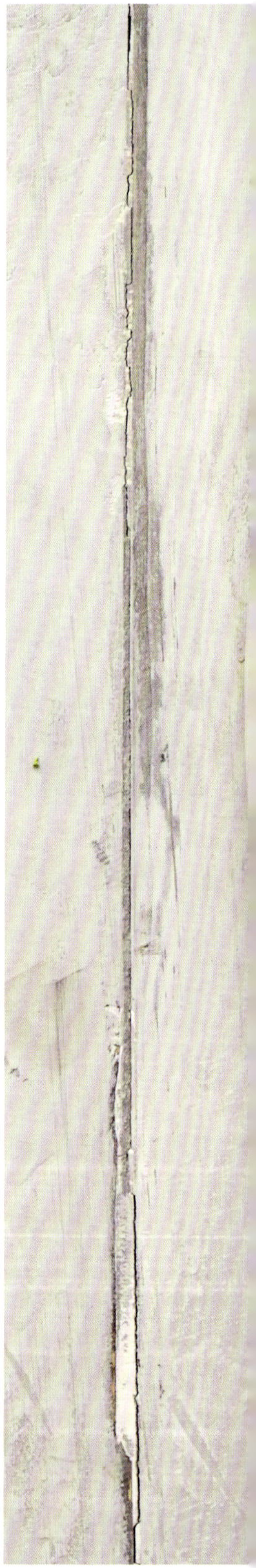

KICHERERBSENSALAT MIT KIRSCHEN

Die feine Säure der Kirschen und das Nussaroma der Kichererbsen gehen in diesem Salat eine harmonische Verbindung ein.

FÜR 4 PORTIONEN • VORBEREITUNG 15 MIN

3 EL Apfelessig
1 EL Olivenöl
1 TL Honig
350 g gegarte Kichererbsen
175 g dunkle Süßkirschen, entsteint
2 EL gehackte Basilikumblätter
40 g Ricotta salata
Salz und frisch gemahlener schwarzer Pfeffer

1. Für das Dressing Essig, Öl und Honig in einer kleinen Schüssel verquirlen und beiseitestellen.

2. Die Kichererbsen in eine Salatschüssel geben. Die Kirschen halbieren und zufügen, das Basilikum zugeben und unterheben. Das Dressing über die Zutaten geben und alles vorsichtig vermengen.

3. Den Ricotta über den Salat krümeln, mit Salz und Pfeffer abschmecken und sofort servieren.

FÜR VEGANER Anstelle von Ricotta salata für den salzigen Geschmack 60 g Kapern zufügen. Den Honig durch Ahornsirup ersetzen.

Nährwerte pro Portion
Brennwert 220 kcal | Fett 8 g | davon gesättigte Fette 2,5 g | Cholesterin 10 mg | Natrium 380 mg | Kohlenhydrate 30 g | Ballaststoffe 8 g | Zucker 10 g | Proteine 9 g

LINSEN-TOMATEN-SALAT
MIT GEGRILLTEM HALLOUMI

Halloumi ist ein Käse von Zypern, der sich gut zum Grillen eignet. In diesem Salat bildet er einen tollen Kontrast zu den knackigen Linsen.

FÜR 4 PORTIONEN ▪ VORBEREITUNG 20 MIN ▪ GARZEIT 15 MIN

1 kleine Schalotte, gehackt

1 große Knoblauchzehe, fein gehackt

Saft und abgeriebene Schale von 1 Zitrone (bio)

1 TL frisch gehackter Thymian

1 TL frisch gehackter Oregano

2 EL Olivenöl

Salz und frisch gemahlener schwarzer Pfeffer

525 g gegarte grüne oder Puy-Linsen

350 g Kirsch- oder Rispentomaten, halbiert

225 g Halloumi

1. Schalotte, Knoblauch, Zitronensaft, Zitronenschale, Thymian, Oregano und Öl in einer Salatschüssel verrühren. Mit Salz und Pfeffer würzen. Linsen und Tomaten zufügen und marinieren, während der Halloumi gegrillt wird.

2. Eine große Pfanne oder gusseiserne Grillpfanne erhitzen. Den Halloumi in acht Stücke schneiden und in die Pfanne legen. Den Käse bei mittlerer Hitze von jeder Seite 2–3 Minuten bräunen.

3. Die Linsen-Tomaten-Mischung auf vier Tellern anrichten und mit dem noch warmen Halloumi belegen. Sofort servieren.

Nährwerte pro Portion
Brennwert 451 kcal | Fett 22 g | davon gesättigte Fette 11 g | Cholesterin 38 mg | Natrium 843 mg | Kohlenhydrate 42 g | Ballaststoffe 12 g | Zucker 4 g | Proteine 26 g

FATTUSCH MIT AUGENBOHNEN

Geröstetes Brot, knackiges Gemüse und frische Kräuter: So muss ein Salat zum Sattessen sein.

FÜR 8 PORTIONEN ▪ VORBEREITUNG 25 MIN ▪ GARZEIT 8 MIN

- 2 Vollkorn-Pittabrote, in mundgerechte Stücke gezupft
- 1 Knoblauchzehe, fein gehackt
- 1 TL Sumach
- 4 EL Olivenöl
- 2 EL Zitronensaft
- Salz und frisch gemahlener schwarzer Pfeffer
- 1 Salatgurke, geschält, entkernt und gewürfelt
- 85 g Kirschtomaten, halbiert
- 1 gelbe oder orangefarbene Paprika, entkernt und gewürfelt
- 175 g gegarte Augenbohnen
- 2 EL frisch gehackte glatte Petersilie
- 1 EL frisch gehackte Minze

1. Den Backofen auf 190 °C vorheizen. Die Brotstücke auf einem Backblech verteilen und 8 Minuten im Ofen rösten, bis sie knusprig und goldbraun sind. Aus dem Ofen nehmen und abkühlen lassen.

2. Für das Dressing in einer kleinen Schüssel Knoblauch, Sumach, Öl und Zitronensaft verrühren, mit Salz und Pfeffer würzen. Beiseitestellen.

3. Salatgurke, Tomaten, Paprika und Augenbohnen in einer großen Schüssel mischen, dann Dressing, Petersilie und Minze zugeben. Das geröstete Brot unterheben, mit Salz und Pfeffer würzen und sofort servieren.

LIEBER NICHT VEGETARISCH? In Schritt 3 mit dem Pittabrot 450 g gewürfeltes gegrilltes Hähnchen oder Steak zum Salat geben.

Nährwerte pro Portion
Brennwert 170 kcal | Fett 10 g | davon gesättigte Fette 1,5 g | Cholesterin 0 mg | Natrium 480 mg | Kohlenhydrate 20 g | Ballaststoffe 5 g | Zucker 2 g | Proteine 5 g

TABOULÉ MIT LINSEN & BLUMENKOHL

Der Salat aus dem Nahen Osten ist hier mit fein geraspeltem Blumenkohl statt Couscous angereichert – eine glutenfreie Variante des Klassikers.

FÜR 8 PORTIONEN ▪ VORBEREITUNG 25 MIN

1 kleiner Blumenkohl
1 Bund glatte Petersilie, gehackt
½ Salatgurke, entkernt, fein gewürfelt
175 g Tomaten, fein gewürfelt
1 kleines Bund Frühlingszwiebeln, geputzt und in feine Ringe geschnitten
175 g gegarte braune Linsen
2 EL frisch gehackte Minze
abgeriebene Schale und Saft von 2 Zitronen (bio)
2 EL Olivenöl
Salz und frisch gemahlener schwarzer Pfeffer

1. Die äußeren Blätter des Blumenkohls entfernen und den Blumenkohl in Röschen teilen. Die Röschen in einen Mixer geben und 6–7 Mal mit der Intervallschaltung zerkleinern, bis der Blumenkohl die Größe von Reis- oder Bulgurkörnern hat.

2. In einer großen Schüssel Blumenkohl, Petersilie, Salatgurke, Tomaten, Frühlingszwiebeln, Linsen und Minze vermischen. Zitronenschale und -saft sowie Olivenöl zugeben und alle Zutaten sorgfältig miteinander vermengen. Mit Salz und Pfeffer abschmecken. Sofort servieren.

LIEBER NICHT VEGETARISCH? Legen Sie auf jede Portion ein kleines gegrilltes Steak (à 85 g).

Nährwerte pro Portion
Brennwert 83 kcal | Fett 4 g | davon gesättigte Fette 0,5 g | Cholesterin 0 mg | Natrium 310 mg | Kohlenhydrate 11 g | Ballaststoffe 3 g | Zucker 2 g | Proteine 4 g

PANZANELLA MIT LIMABOHNEN

Panzanella ist ein toskanischer Salat, der mit nicht mehr ganz frischem Brot zubereitet wird. Da er zimmerwarm serviert wird, eignet er sich sehr gut für ein Picknick oder für eine Gartenparty.

FÜR 6 PORTIONEN ▪ VORBEREITUNG 25 MIN ▪ GARZEIT 15 MIN

1 kleines Sauerteigbrot
60 ml Rotweinessig
1 EL Dijonsenf
120 ml Olivenöl
2 Knoblauchzehen, fein gehackt
1 TL frisch gehackter Oregano
1 TL frisch gehacktes Basilikum
175 g Kirschtomaten, halbiert
225 g gegarte Limabohnen
1 Salatgurke, gewürfelt
150 g Maiskörner
Salz und frisch gemahlener schwarzer Pfeffer

1. Den Backofen auf 170 °C vorheizen. Das Brot in 1 cm große Würfel schneiden und auf einem Backblech verteilen. Im heißen Backofen 15 Minuten hellgoldbraun rösten.

2. In der Zwischenzeit für das Dressing Essig und Senf in einer kleinen Schüssel verrühren. Das Öl, Knoblauch, Oregano und Basilikum unterrühren. Das Dressing beiseitestellen.

3. Tomaten, Limabohnen, Salatgurke und Maiskörner in einer Salatschüssel mischen. Brotwürfel und Dressing zufügen und alles gut vermengen. Mit Salz und Pfeffer abschmecken. Sofort oder durchgezogen servieren.

Nährwerte pro Portion
Brennwert 430 kcal | Fett 12 g | davon gesättigte Fette 2 g | Cholesterin 0 mg | Natrium 380 mg | Kohlenhydrate 69 g | Ballaststoffe 9 g | Zucker 5 g | Proteine 14 g

OFENMÖHREN MIT KICHERERBSEN
UND VADOUVAN-JOGHURT

Vadouvan ist eine Currymischung aus Südindien. Der kühle Joghurt mildert das Gewürz ab und passt hervorragend zur Süße der gerösteten Möhren.

FÜR 4 PORTIONEN ▪ VORBEREITUNG 15 MIN ▪ GARZEIT 30 MIN

450 g kleine, junge Möhren, das Blattgrün hacken und zum Garnieren aufbewahren
2 EL Olivenöl
350 g gegarte Kichererbsen
2 TL Rotweinessig
1 Knoblauchzehe, fein gehackt
1 TL frisch gehackter Thymian
1 Prise Chiliflocken
Salz und frisch gemahlener schwarzer Pfeffer
150 g Joghurt (10 % Fett)
1 EL Vadouvan

1. Den Backofen auf 150 °C vorheizen. Die Möhren nebeneinander auf ein Backblech legen und mit dem Olivenöl bestreichen. Im vorgeheizten Ofen 25–30 Minuten weich rösten.

2. In der Zwischenzeit Kichererbsen, Essig, Knoblauch, Thymian und Chiliflocken in einer Schüssel mischen, mit Salz und Pfeffer würzen und beiseitestellen.

3. In einer weiteren Schüssel Joghurt und Vadouvan verrühren.

4. Den Joghurt auf vier Teller verteilen. Möhren und Kichererbsen darauf anrichten. Mit grob gemahlenem Pfeffer bestreuen, mit Möhrengrün garnieren und sofort servieren.

FÜR VEGANER Anstelle des Joghurts einen Sojajoghurt verwenden.

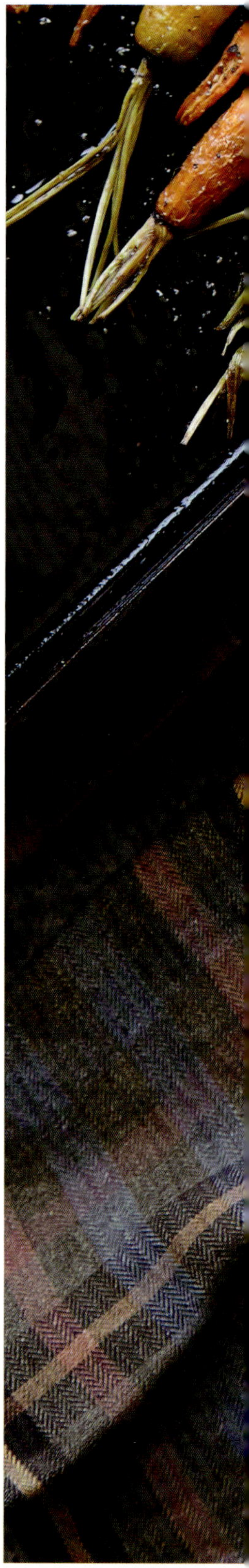

Nährwerte pro Portion
Brennwert 270 kcal | Fett 9 g | davon gesättigte Fette 1,5 g | Cholesterin <5 mg | Natrium 230 mg | Kohlenhydrate 37 g | Ballaststoffe 7 g | Zucker 12 g | Proteine 11 g

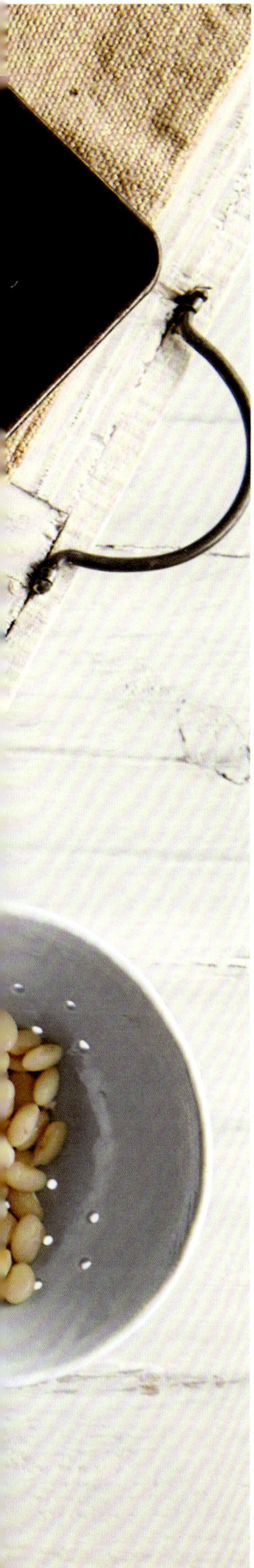

OFENTOMATEN MIT WEISSEN BOHNEN

UND BASILIKUM-VINAIGRETTE

Saftige Tomaten mit einer frischen, gesunden grünen Vinaigrette sind eine köstliche, sättigende Beilage.

FÜR 4 PORTIONEN ▪ VORBEREITUNG 15 MIN ▪ GARZEIT 30 MIN

4 Roma-Tomaten

2 Knoblauchzehen, fein gehackt

3 EL natives Olivenöl extra

1 Bund Basilikum, plus einige Blätter zum Garnieren

60 ml Weißwein- oder Champagneressig

Salz und frisch gemahlener schwarzer Pfeffer

350 g gegarte Cannelini-Bohnen oder andere kleine weiße Bohnen

1. Den Backofen auf 200 °C vorheizen. Die Tomaten längs halbieren, auf ein Backblech legen und mit 1 Esslöffel Öl bestreichen. 30 Minuten im Ofen garen, dann auf Zimmertemperatur abkühlen lassen.

2. In der Zwischenzeit für die Vinaigrette vom Basilikum die Blätter abzupfen und diese mit dem Essig im Mixer glatt pürieren. Bei laufendem Motor die verbliebenen 2 Esslöffel Öl hinzugießen und so lange mixen, bis die Zutaten sich verbunden haben. Mit Salz und Pfeffer würzen.

3. In einer Schüssel die Bohnen mit 2 Esslöffeln Dressing vermengen und auf Tellern anrichten. Die gerösteten Tomatenhälften anrichten, pfeffern und salzen und mit dem restlichen Dressing beträufeln. Mit einigen Basilikumblättern garniert sofort servieren.

Nährwerte pro Portion
Brennwert 214 kcal | Fett 10 g | davon gesättigte Fette 1,5 g | Cholesterin 0 mg | Natrium 591 mg | Kohlenhydrate 22 g | Ballaststoffe 7 g | Zucker 1,7 g | Proteine 8,5 g

BRATLINGE & TACOS

MUNGOBOHNEN-BURGER
MIT ROTER CURRYSAUCE

Durch Mungobohnen bekommt dieser Gemüseburger mehr Biss und eine herrliche grüne Farbe.

FÜR 6 PORTIONEN ▪ VORBEREITUNG 25 MIN ▪ GARZEIT 25 MIN

1 Schalotte, fein gehackt
1 Knoblauchzehe, fein gehackt
350 g gegarte Mungobohnen
¼ TL gemahlener Koriander
1 Prise Chiliflocken
2 EL frisch gehacktes Koriandergrün
1 EL frisch gehackte Minze
2 große Eier, verquirlt
20 g Panko oder herkömmliche Semmelbrösel
Salz und frisch gemahlener schwarzer Pfeffer
120 g Joghurt (10 % Fett)
½ TL rote Currypaste
6 Hamburgerbrötchen oder kleine Pittabrote
Alfalfasprossen zum Garnieren

1. Den Backofen auf 190 °C vorheizen. Ein Backblech mit Backpapier auslegen oder leicht einfetten. In einer großen Schüssel Schalotte, Knoblauch, Mungobohnen, gemahlenen Koriander, Chiliflocken, Koriandergrün und Minze mischen. Mit einer Gabel teilweise zerdrücken, etwa die Hälfte der Mungobohnen sollte jedoch ganz bleiben.

2. Erst die verquirlten Eier unterrühren, dann das Panko. Kräftig mit Salz und Pfeffer würzen.

3. Die Masse in sechs gleich große Portionen teilen. Jede Portion zu einem Bratling formen und auf das Backblech legen, dabei etwas flach drücken. Die Bratlinge im vorgeheizten Ofen 10 Minuten von jeder Seite backen. Vorsichtig wenden.

4. In der Zwischenzeit die Currysauce zubereiten: In einer kleinen Schüssel Joghurt und Currypaste verrühren und mit Salz und Pfeffer abschmecken.

5. Die Burger zusammenstellen: Jeweils die untere Brötchen- oder Pittahälfte mit der Currysauce bestreichen, die Bratlinge darauflegen, mit Alfalfasprossen bestreuen und mit der zweiten Brötchenhälfte abschließen. Sofort servieren.

FÜR VEGANER Als Ei-Ersatz pro Ei 2 Esslöffel Leinsamenschrot mit 6 Esslöffeln Wasser verrühren und etwas quellen lassen. Den Joghurt durch Kokosjoghurt ersetzen.

Nutrition pro Burger
Brennwert 360 kcal | Fett 17 g | davon gesättigte Fette 3 g | Cholesterin 70 mg | Natrium 400 mg | Kohlenhydrate 37 g | Ballaststoffe 5 g | Zucker 5 g | Proteine 13 g

AUGENBOHNEN-BURGER
MIT PICO DE GALLO

Die fruchtige Würzsauce macht die cremigen Augenbohnen-Burger besonders saftig.

ERGIBT 8 STÜCK ▪ VORBEREITUNG 30 MIN ▪ GARZEIT 20 MIN

30 ml Olivenöl
2 kleine Zwiebeln, gewürfelt
1 Knoblauchzehe, fein gehackt
2 kleine Jalapeño-Chilis, entkernt und gewürfelt (insgesamt 3 EL)
½ TL Chipotle-Chilipulver
2½ TL gemahlener Kreuzkümmel
450 g gegarte Augenbohnen
2 große Eier, verquirlt
20 g Panko oder herkömmliche Semmelbrösel
1 große Tomate, entkernt und gewürfelt
1 EL frisch gehacktes Koriandergrün
Saft von 1 großen Limette
8 Burgerbrötchen

1. Den Backofen auf 150 °C vorheizen. 2 Teelöffel Öl in einer großen beschichteten Pfanne stark erhitzen. Die Hälfte der Zwiebelwürfel darin 5–10 Minuten weich dünsten. Den Knoblauch und die Hälfte der Chiliwürfel unterrühren und 2 Minuten mitgaren. In eine große Schüssel umfüllen und die Pfanne beiseitestellen (nicht säubern).

2. Chilipulver, Kreuzkümmel, Augenbohnen, Eier und Panko zu den gedünsteten Zwiebeln geben und alles mit einem Kartoffelstampfer zerdrücken – die Bohnen sollten dabei leicht aufplatzen.

3. Die Bohnenmasse in acht Portionen teilen und mit den Händen zu Bratlingen formen. Die Pfanne wieder erhitzen und die Bratlinge portionsweise (jeweils etwas Öl zugeben) bei mittlerer Hitze 3–4 Minuten von jeder Seite braten, dabei etwas flach drücken. Die Bratlinge aus der Pfanne nehmen und auf ein Backblech legen. Im Ofen 8–10 Minuten zu Ende backen.

4. In der Zwischenzeit die Pico de Gallo zubereiten: In einer kleinen Schüssel Tomate, restliche rohe Zwiebelwürfel, restliche Chiliwürfel, Koriandergrün und Limettensaft verrühren. Dann je einen Bratling auf die untere Brötchenhälfte legen und etwa 1 Esslöffel Pico de Gallo daraufgeben. Die obere Brötchenhälfte auflegen und sofort servieren.

LIEBER NICHT VEGETARISCH? In Schritt 1 mit Knoblauch und Chilis eine fein gewürfelte Scheibe Bacon mitbraten.

Nährwerte pro Burger
Brennwert 230 kcal | Fett 6 g | davon gesättigte Fette 1 g | Cholesterin 75 mg | Natrium 290 mg | Kohlenhydrate 34 g | Ballaststoffe 5 g | Zucker 4 g | Proteine 9 g

INDISCHE KARTOFFEL-
KICHERERBSEN-PATTYS

Warme indische Gewürze geben diesen Pattys ihre exotische Note. Servieren Sie dazu Raita und ein pikantes Chutney.

ERGIBT 14 STÜCK ▪ VORBEREITUNG 25 MIN ▪ GARZEIT 1 STD

750 g Kartoffeln, geschält und gewürfelt

250 g gegarte Kichererbsen

3 EL Ghee, leicht erwärmt

1 kleine rote Zwiebel, fein gehackt

1 Knoblauchzehe, fein gehackt

1½ TL Garam Masala

1 TL gemahlener Ingwer

¾ TL gemahlener Koriander

75 g gegarte Erbsen

30 g Panko oder herkömmliche Semmelbrösel

Salz und frisch gemahlener schwarzer Pfeffer

1 EL frisch gehacktes Koriandergrün zum Garnieren

1. Wasser in einem großen Topf zum Kochen bringen. Die Kartoffeln darin etwa 20 Minuten garen, abgießen und in einem Sieb 15 Minuten abtropfen und abkühlen lassen.

2. Die Kichererbsen in einer großen Schüssel mit einem Kartoffelstampfer grob zerdrücken. Die Kartoffeln zufügen und ebenfalls zerdrücken.

3. 1 Esslöffel Ghee in einer mittelgroßen Pfanne erhitzen. Die Zwiebel darin bei mittlerer bis schwacher Hitze 2–3 Minuten glasig dünsten. Den Knoblauch zugeben und 1 Minute mitgaren. Garam Masala, Ingwer und gemahlenen Koriander unterrühren und 1 Minute rösten.

4. Die gewürzten Zwiebeln zur Kartoffel-Kichererbsen-Mischung in die Schüssel geben und vermengen. Die verbliebenen 2 Esslöffel Ghee unterrühren, Erbsen und Panko zugeben und alles gut vermischen. Mit Salz und Pfeffer abschmecken.

5. Mit den Händen aus der Masse 14 Bratlinge formen und portionsweise in der Pfanne bei mittlerer bis schwacher Hitze von jeder Seite 4–5 Minuten braten, bis sie schön gebräunt sind. Falls nötig, die Hitze reduzieren, damit die Bratlinge nicht anbrennen. Mit Koriandergrün garnieren und sofort servieren.

FÜR VEGANER Statt Ghee Rapsöl oder anderes geschmacksneutrales Pflanzenöl verwenden.

AUCH LECKER Soll es schärfer sein, kann man mit Zwiebel und Knoblauch eine kleine grüne Chili (entkernt und fein gehackt) braten.

Nährwerte pro Bratling
Brennwert 100 kcal | Fett 4 g | davon gesättigte Fette 2 g | Cholesterin 5 g | Natrium 15 g | Kohlenhydrate 13 g | Ballaststoffe 3 g | Zucker 2 g | Proteine 3 g

ERBSENBRATLINGE
MIT GUAVENSAUCE

In diesen Bratlingen stecken alle Gewürze Jamaikas, wunderbar ausgewogen durch die Süße der Guave.

ERGIBT 10 STÜCK ▪ VORBEREITUNG 30 MIN ▪ GARZEIT 50 MIN

120 g Guavengelee
2 EL Rotweinessig
¼ TL Chiliflocken
2 EL Pflanzen- oder Rapsöl
1 kleine rote Zwiebel, fein gehackt
1 Serrano-Chili, entkernt und fein gehackt
1 Knoblauchzehe, fein gehackt
½ TL gemahlener Zimt
1 TL gemahlener Kreuzkümmel
¾ TL geriebene Muskatnuss
1¼ TL gemahlener Piment
¼ TL Cayennepfeffer
450 g gegarte Straucherbsen oder Augenbohnen
30 g Panko oder herkömmliche Semmelbrösel
2 große Eier, verquirlt
3 EL frisch gehacktes Koriandergrün zum Garnieren

1. Für die Sauce Guavengelee, Rotweinessig und Chiliflocken in einem kleinen Topf verrühren. Bei schwacher Hitze 8–10 Minuten offen einkochen, bis die Sauce die Konsistenz von Sirup hat. Den Topf vom Herd nehmen und warm halten.

2. In der Zwischenzeit 1 Esslöffel Öl in einer Pfanne erhitzen. Die Zwiebel darin bei mittlerer bis schwacher Hitze 2–3 Minuten weich dünsten. Chili und Knoblauch zufügen und 1–2 Minuten mitgaren. Zimt, Kreuzkümmel, Muskat, Piment, Cayennepfeffer und ¾ der Straucherbsen (oder Augenbohnen) unterrühren.

3. Die Mischung in einem Mixer grob pürieren. In eine große Schüssel geben. Panko, Eier und die verbliebenen Straucherbsen untermengen.

4. Die Pfanne nur auswischen, wieder auf den Herd stellen und den verbliebenen Esslöffel Öl erhitzen. Mit den Händen zehn gleich große Bratlinge formen. Die Bratlinge portionsweise in der Pfanne bei mittlerer bis schwacher Hitze 3–4 Minuten von jeder Seite bräunen, dabei leicht flach drücken. Falls nötig, zwischendurch noch ein wenig Öl in die Pfanne geben.

5. Die Bratlinge mit Koriandergrün garnieren und sofort mit der Guavensauce servieren.

FÜR VEGANER Statt der Eier ½ reife Avocado verwenden.

Nährwerte pro Bratling
Brennwert 180 | Fett 4 g | davon gesättigte Fette 0,5 g | Cholesterin 35 g | Natrium 20 g | Kohlenhydrate 26 g | Ballaststoffe 4 g | Zucker 9 g | Proteine 5 g

KIDNEYBOHNEN-ROTE-BETE-PATTYS

Die Farbe der Roten Bete macht aus den Snacks etwas Besonderes. Reichen Sie dazu gegrilltes Hähnchen oder Schweinefleisch oder machen Sie mit etwas Salat und Gurke einen Burger daraus.

ERGIBT 8 STÜCK ▪ VORBEREITUNG 15 MIN ▪ GARZEIT 30 MIN

2 Rote Beten, geschält
350 g gegarte Kidneybohnen
1 EL gehackte Frühlingszwiebel
1 EL frisch gehacktes Koriandergrün
1 Prise Chiliflocken
50 g Panko oder herkömmliche Semmelbrösel
2 große Eier, verquirlt
Salz und frisch gemahlener schwarzer Pfeffer

1. Den Backofen auf 170 °C vorheizen. Ein Backblech mit Backpapier belegen.

2. Die Roten Beten mit einer Rohkostreibe raspeln. Alternativ mit einem Spiralschneider in feinste Streifen schneiden und danach in 3 cm lange Stücke schneiden.

3. In einer großen Schüssel die Kidneybohnen mit einer Gabel leicht zerdrücken, einige Bohnen sollten ganz bleiben. Rote Beten, Frühlingszwiebel, Koriandergrün, Chiliflocken, Panko und Eier untermischen und mit Salz und Pfeffer würzen.

4. Eine große beschichtete Pfanne erhitzen. Aus der Masse acht gleich große Plätzchen formen und bei mittlerer Hitze 3–4 Minuten von jeder Seite bräunen.

5. Anschließend auf das Backblech legen und im Ofen 8–10 Minuten gar backen. Sofort servieren.

FÜR VEGANER Anstelle der Eier 85 g zusätzliche gegarte Kidneybohnen mit 2 Esslöffeln Wasser pürieren und in Schritt 3 zufügen.

Nährwerte pro Bratling
Brennwert 100 kcal | Fett 1,5 g | davon gesättigte Fette 0 g | Cholesterin 45 mg | Natrium 330 mg | Kohlenhydrate 16 g | Ballaststoffe 4 g | Zucker 2 g | Proteine 6 g

BUNTE LINSENBÄLLCHEN

ALL'ARRABBIATA

Diese vegetarischen Bällchen mit der klassischen italienischen Sauce liefern reichlich Ballaststoffe und Proteine. Servieren Sie dazu Pasta und Parmesan.

ERGIBT 18 STÜCK ▪ VORBEREITUNG 15 MIN ▪ GARZEIT 40 MIN

- 260 g gegarte rote Linsen, gut abgetropft
- 115 g gegarte braune Linsen, gut abgetropft
- 1 großes Ei, leicht verquirlt
- 50 g Panko oder herkömmliche Semmelbrösel
- ½ TL Knoblauchpulver
- 1 TL getrockneter Oregano
- abgeriebene Schale von 1 großen Zitrone (bio)
- ¼ TL Cayennepfeffer
- 2 EL Olivenöl
- 1 kleine Zwiebel, fein gehackt
- 2 Dosen gehackte Tomaten (à 400 g)
- 1 EL Chiliflocken
- Salz und frisch gemahlener schwarzer Pfeffer

1. Den Backofen auf 180 °C vorheizen. Ein Backblech leicht fetten. In einer großen Schüssel rote und braune Linsen mit Ei, Panko, Knoblauchpulver, Oregano, Zitronenschale und Cayennepfeffer gut vermengen.

2. Mit den Händen aus jeweils 1 Esslöffel der Masse Bällchen formen und auf das Backblech legen. Insgesamt 18 Bällchen rollen und diese 25 Minuten im vorgeheizten Ofen backen. Nach der Hälfte der Zeit einmal wenden.

3. In der Zwischenzeit für die Sauce das Öl in einem Topf erhitzen. Die Zwiebel darin bei mittlerer bis schwacher Hitze 2 Minuten weich dünsten, Tomaten und Chiliflocken zugeben und alles bei schwacher Hitze 15 Minuten köcheln lassen. Mit Salz und Pfeffer abschmecken.

4. Die Bällchen mit der Sauce auf Tellern anrichten und sofort servieren.

LIEBER NICHT VEGETARISCH? Zusätzlich 225 g Rinderhack oder Bratwurstbrät in Schritt 3 mit der Zwiebel braten.

Nährwerte pro Bällchen
Brennwert 70 kcal | Fett 2 g | davon gesättigte Fette 0 g | Cholesterin 0 mg | Natrium 115 mg | Kohlenhydrate 9 g | Ballaststoffe 2 g | Zucker 2 g | Proteine 3 g

ZUCCHINIBRATLINGE MIT LIMABOHNEN

Zitronenschale gibt diesen Bratlingen ein angenehm frisches Aroma. Sie schmecken zu gegrilltem Fleisch oder zu pochiertem Ei und Brunnenkresse.

ERGIBT 12 STÜCK ▪ VORBEREITUNG 20 MIN ▪ GARZEIT 30 MIN

4 mittelgroße Zucchini

1 EL Salz

225 g gegarte Limabohnen

¼ TL Cayennepfeffer

2 TL frisch gehacktes Basilikum

Abgeriebene Schale von 1 großen Zitrone (bio)

2 große Eier, verquirlt

60 g Panko oder herkömmliche Semmelbrösel

Salz und frisch gemahlener schwarzer Pfeffer

1 EL Olivenöl

1. Die Zucchini grob raspeln, auf ein Seihtuch oder in eine ausreichend großes, feines Sieb geben und mit Salz bestreuen. 20 Minuten ziehen lassen, dann so viel Wasser wie möglich herausdrücken. Beiseitestellen.

2. Limabohnen, Cayennepfeffer, Basilikum, Zitronenschale und Eier in einen Mixer geben. Auf niedriger Stufe 30–45 Sekunden mixen, bis die Mischung eine glatte Konsistenz hat. In eine große Schüssel geben, mit Zucchiniraspeln und Panko mischen und mit Salz und Pfeffer würzen.

3. Das Öl in einer Pfanne erhitzen. Je 4 Esslöffel Bohnenmasse zu einer Kugel formen, sodass insgesamt 12 Stück entstehen. Portionsweise in die Pfanne legen und mit einem Spatel flach drücken. Bei mittlerer Hitze 2–3 Minuten von jeder Seite braten. Sofort servieren.

FÜR VEGANER Als Ersatz für die Eier 6 Esslöffel Wasser mit 2 Esslöffeln Leinsamenschrot verrühren und quellen lassen.

Nährwerte pro Bratling

Brennwert 60 kcal | Fett 1 g | davon gesättigte Fette 0 g | Cholesterin 30 mg | Natrium 220 mg | Kohlenhydrate 10 g | Ballaststoffe 2 g | Zucker 2 g | Proteine 4 g

FALAFELN AUS DEM OFEN
MIT EINGELEGTEN ROTEN ZWIEBELN & SAMBAL OELEK

Diese Falafel werden nicht frittiert, sondern im Ofen gebacken. Eingelegte Zwiebeln und scharfes Sambal ergänzen ihren Geschmack ausgezeichnet.

ERGIBT 16 STÜCK ▪ VORBEREITUNG 30 MIN, PLUS 3 STD MARINIEREN ▪ GARZEIT 40 MIN

240 ml Apfelessig
120 ml Rotweinessig
2 EL Zucker
1 TL Salz
1 große rote Zwiebel, in dünne Ringe geschnitten
1 Knoblauchzehe
350 g gegarte Kichererbsen
½ TL Natron
½ TL gemahlener Koriander
½ TL gemahlener Kreuzkümmel
1 Prise Chiliflocken
1 Bund krause Petersilie, gehackt
2 EL frisch gehacktes Koriandergrün
Abgeriebene Schale und Saft von 1 Zitrone (bio)
40 g Kichererbsenmehl
1 EL Olivenöl
Salz und frisch gemahlener schwarzer Pfeffer
75 g Sambal Oelek

1. Für die eingelegten Zwiebeln beide Essige, Zucker und Salz in einem Topf bei mittlerer Hitze aufkochen. So lange rühren, bis Zucker und Salz sich aufgelöst haben. Den Topf vom Herd nehmen und die Zwiebel hineingeben. Bei Zimmertemperatur vollständig abkühlen lassen, ab und zu umrühren. In ein Glas geben, verschließen und 3 Stunden oder besser über Nacht im Kühlschrank marinieren.

2. Den Backofen auf 200 °C vorheizen. Knoblauch, Kichererbsen, Natron, Koriander, Kreuzkümmel, Chiliflocken, Petersilie, Koriandergrün, Zitronenschale und -saft in einem Mixer glatt pürieren.

3. Die Masse in eine Schüssel füllen und das Kichererbsenmehl einarbeiten. Das Öl, Pfeffer und Salz zufügen und alles noch einmal kneten.

4. Jeweils 2 Esslöffel Kichererbsenmasse mit den Händen zu Bällchen formen und auf ein Backblech legen, es sollen 16 Stück werden. Mit einem Spatel etwas flach drücken. Im vorgeheizten Ofen 10 Minuten backen, wenden und weitere 10 Minuten backen. Sofort mit der eingelegten Zwiebel und Sambal Oelek servieren.

AUCH LECKER Wer es nicht so scharf mag, reicht statt Sambal Tzatziki zu den Falafeln.

Nährwerte pro Stück
Brennwert 60 kcal | Fett 1,5 g | davon gesättigte Fette 0 g | Cholesterin 0 mg | Natrium 270 mg | Kohlenhydrate 9 g | Ballaststoffe 2 g | Zucker 2 g | Proteine 2 g

TACOS MIT AUGENBOHNEN & KOHL

Augenbohnen und Blattgemüse sind eine klassische Kombination. Hier bilden sie mit Ziegenkäse und einem Schuss scharfer Sauce eine pikante Füllung für Tacos.

ERGIBT 12 STÜCK ▪ VORBEREITUNG 20 MIN ▪ GARZEIT 40 MIN

1 EL Olivenöl
1 kleine Zwiebel, fein gehackt
1 Knoblauchzehe, fein gehackt
250 g Kohl, gewaschen und grob gehackt
500 ml Gemüsebrühe
½ TL Weißweinessig
1 Msp. Cayennepfeffer
375 g gekochte Augenbohnen
Salz und frisch gemahlener schwarzer Pfeffer
12 Mais-Tortillas
175 g Ziegenkäse
Scharfe Sauce, z. B. Sriracha (nach Belieben)

1. Das Öl in einem mittelgroßen Topf stark erhitzen. Die Zwiebel darin bei mittlerer bis schwacher Hitze 2–3 Minuten weich dünsten. Den Knoblauch zugeben und 1 Minute mitgaren.

2. Kohl, Brühe, Essig und Cayennepfeffer zufügen und zum Kochen bringen. Die Temperatur reduzieren und abgedeckt 20 Minuten köcheln lassen, bis der Kohl weich ist. Die Augenbohnen zugeben und weitere 10 Minuten köcheln lassen, bis die Bohnen heiß sind und die Flüssigkeit fast vollständig aufgenommen haben. Mit Salz und Pfeffer abschmecken.

3. Die Tortillas in einer Pfanne erwärmen. Jeweils eine Tortilla auf die Arbeitsfläche legen. Mit einem Schaumlöffel eine Portion von der Kohl-Bohnen-Mischung herausnehmen, kurz abtropfen lassen und auf die Tortilla geben. Zerbröselten Ziegenkäse darauf verteilen und nach Belieben ein paar Spritzer scharfe Sauce darauf geben, dann zusammenrollen. Mit den anderen Tortillas ebenso verfahren. Sofort servieren.

LIEBER NICHT VEGETARISCH? 75 g geräuchertes Puten- oder Schweinefleisch würfeln und in Schritt 2 zufügen.

AUCH LECKER Geben Sie noch einen Klecks Ihrer Lieblingssalsa darauf.

Nährwerte pro Taco
Brennwert 120 kcal | Fett 4,5 g | davon gesättigte Fette 2 g | Cholesterin 5 mg | Natrium 110 mg | Kohlenhydrate 16 g | Ballaststoffe 4 g | Zucker 1 g | Proteine 6 g

BOHNEN-FLAUTAS
MIT AVOCADOCREME

Flautas – also Flöten – sind kleine gefüllte Röllchen. Perfektes Fingerfood für Partys!

ERGIBT 16 STÜCK ▪ VORBEREITUNG 20 MIN ▪ GARZEIT 10 MIN

240 g saure Sahne
1 Avocado
Saft von 1 Limette
175 g gegarte Feuerbohnen oder Kidneybohnen
115 g reifer Cheddar, gerieben
115 g Ziegenfrischkäse
85 g Maiskörner
50 g Frühlingszwiebeln, gehackt
2 EL frisch gehacktes Koriandergrün
1 EL gemahlener Kreuzkümmel
1 TL Cayennepfeffer
Salz
16 kleine Weizen-Tortillas

1. Den Backofen auf 200 °C vorheizen. Ein Kuchengitter auf ein Backblech setzen.

2. Saure Sahne, Avocadofruchtfleisch und Limettensaft im Mixer glatt pürieren. In eine Schüssel füllen und in den Kühlschrank stellen.

3. In einer Schüssel die Feuerbohnen mit einem Kartoffelstampfer leicht zerdrücken. Beide Käsesorten, Mais, Frühlingszwiebeln, Koriandergrün, Kreuzkümmel und Cayennepfeffer unterrühren. Mit Salz würzen.

4. Die Tortillas auf der Arbeitsplatte auslegen und die Füllung auf sie verteilen. Die Tortillas fest aufrollen, Die Enden offen lassen. Die Rollen mit der Naht nach unten auf das Kuchengitter legen und 20 Minuten backen. Die Ränder sollten dann leicht gebräunt sein. Sofort mit der Avocadocreme servieren.

LIEBER NICHT VEGETARISCH? 140 g gegartes, klein geschnittenes Hähnchen- oder Rindfleisch mit dem Käse in die Füllung geben. Dann reicht die Füllung für 20 Flautas.

Nährwerte pro Stück
Brennwert 210 kcal | Fett 8 g | davon gesättigte Fette 4 g | Cholesterin 10 mg | Natrium 440 mg | Kohlenhydrate 25 g | Ballaststoffe 3 g | Zucker 1 g | Proteine 10 g

LINSEN-TACOS
MIT ANANAS-SALSA

Durch das Grillen wird die Ananas noch süßer und mildert so die Schärfe der Jalapeño-Chili.

ERGIBT 8 STÜCK ▪ VORBEREITUNG 20 MIN ▪ GARZEIT 45 MIN

200 g ungegarte braune Linsen
600 ml Gemüsebrühe
1 Lorbeerblatt
1 Msp. Knoblauchpulver
¼ TL gemahlener Ingwer
½ TL Piment
1½ TL gemahlener Kreuzkümmel
350 g Ananas, in Scheiben geschnitten
1 kleine Jalapeño-Chili, entkernt und fein gewürfelt
1 kleine Zwiebel, gewürfelt
2 EL frisch gehacktes Koriandergrün
Saft von 1 Limette
Salz und frisch gemahlener schwarzer Pfeffer
8 kleine Mais-Tortillas

1. Linsen, Brühe, Lorbeerblatt, Knoblauchpulver, Ingwer, Piment und Kreuzkümmel in einem Topf zum Kochen bringen. Bei mittlerer bis schwacher Hitze 30–35 Minuten köcheln lassen, bis die Linsen weich sind und die Brühe fast vollständig aufgesogen haben. Falls nötig, noch etwas Wasser zugießen. Das Lorbeerblatt entfernen und die Linsen abgedeckt beiseitestellen.

2. In der Zwischenzeit eine gusseiserne Grillpfanne erhitzen. Die Ananasscheiben darin von jeder Seite bei mittlerer bis hoher Hitze 2–3 Minuten karamellisieren. Abkühlen lassen.

3. Für die Salsa die Ananas würfeln und mit Jalapeño-Chili, Zwiebel, Koriandergrün und Limettensaft in einer Schüssel mischen. Mit Salz und Pfeffer würzen.

4. Auf jede Tortilla eine Portion Linsen und 2 Esslöffel Salsa geben, dann die Tortilla aufrollen. Auf diese Weise insgesamt acht Tacos zubereiten und sofort servieren.

Nährwerte pro Stück
Brennwert 170 kcal | Fett 1 g | davon gesättigte Fette 0 g | Cholesterin 0 mg | Natrium 55 mg | Kohlenhydrate 33 g | Ballaststoffe 10 g | Zucker 5 g | Proteine 8 g

GRIECHISCHE TACOS MIT WEISSEN BOHNEN

Die Zutaten für diese Tacos kennt man aus einem klassischen griechischen Bauernsalat. Knackiger Salat und Gurken bilden einen schönen Kontrast zu weichen Bohnen und Feta.

ERGIBT 8 STÜCK ▪ VORBEREITUNG 25 MIN ▪ GARZEIT 1 STD

2 EL Olivenöl
1 Knoblauchzehe, zerdrückt
450 g gegarte weiße Bohnen
Abgeriebene Schale und Saft von 1 großen Zitrone (bio)
60 ml Gemüsebrühe
1 EL frisch gehackter Oregano
Salz und frisch gemahlener schwarzer Pfeffer
120 g Joghurt (10 % Fett)
8 kleine Mais- oder Weizen-Tortillas
1 Romana-Salatherz, in schmale Streifen geschnitten
350 g Romatomaten, gewürfelt
140 g Salatgurke, gewürfelt
110 g Feta, zerbröselt

1. Das Öl in einem kleinen Topf erhitzen. Den Knoblauch darin bei mittlerer bis sanfter Hitze 1–2 Minuten weich dünsten, aber nicht bräunen. Bohnen, Zitronenschale, Zitronensaft und Brühe zugeben.

2. Zum Köcheln bringen, dann bei schwacher Hitze abgedeckt 5–6 Minuten köcheln lassen, bis die Brühe aufgesogen ist. Den Oregano unterrühren und alles mit Salz und Pfeffer würzen.

3. Auf jede Tortilla 1 Esslöffel Joghurt und ⅛ der Bohnenmischung geben. Darauf Salat, Tomaten und Salatgurke verteilen. Mit Feta bestreuen. Die Tortillas zusammenfalten und sofort servieren.

Nährwerte pro Stück
Brennwert 210 kcal | Fett 8 g | davon gesättigte Fette 3 g | Cholesterin 15 mg | Natrium 190 mg | Kohlenhydrate 28 g | Ballaststoffe 7 g | Zucker 3 g | Proteine 11 g

QUESADILLAS MIT PINTOBOHNEN & SÜSSKARTOFFEL

Süßkartoffel-Spiralen geben diesem mexikanischen Snack Biss. Die Schärfe der Jalapeño gibt dem Ganzen Pepp.

ERGIBT 4 STÜCK ▪ VORBEREITUNG 20 MIN ▪ GARZEIT 40 MIN

1 kleine Süßkartoffel, geschält
2 EL Pflanzenöl
1 Jalapeño-Chili, entkernt und gewürfelt
4 große Weizen-Tortillas
240 g reifer Cheddar, fein gerieben
200 g gegarte Pintobohnen oder Borlotti-Bohnen
50 g Frühlingszwiebeln, gehackt
15 g Koriandergrün, gehackt
Saure Sahne zum Servieren

1. Die Süßkartoffel mit dem mittleren Klingeneinsatz des Spiralschneiders in Streifen schneiden.

2. Das Öl in einer Pfanne stark erhitzen. Die Chili darin bei mittlerer bis schwacher Hitze 3 Minuten weich dünsten, aber nicht bräunen. Die Süßkartoffel in die Pfanne geben und 7 Minuten bissfest garen.

3. Eine Tortilla auf die Arbeitsfläche legen. 30 g Cheddar auf die untere Hälfte streuen und mit je einem Viertel Pintobohnen, Süßkartoffel, Frühlingszwiebeln und Koriandergrün belegen, dann mit weiteren 30 g Cheddar bestreuen. Die Tortilla zuklappen, sodass ein Halbkreis entsteht. Die übrigen Tortillas ebenso belegen.

4. Eine große Pfanne erhitzen, zwei Quesadilla hineinlegen und bei mittlerer Hitze 4 Minuten erwärmen. Vorsichtig wenden und weitere 4 Minuten erhitzen, bis der Käse geschmolzen ist. Mit den beiden verbliebenen Quesadillas ebenso verfahren.

5. Die Quesadillas halbieren oder vierteln und sofort mit saurer Sahne servieren.

LIEBER NICHT VEGETARISCH? Zusammen mit den Bohnen je 25 g gegartes, gewürfeltes Hähnchen- oder Schweinefleisch auf die Tortillas geben.

Nährwerte pro Stück
Brennwert 640 kcal | Fett 33 g | davon gesättigte Fette 17 g | Cholesterin 75 mg | Natrium 840 mg | Kohlenhydrate 61 g | Ballaststoffe 9 g | Zucker 4 g | Proteine 26 g

BÁNH MÌ MIT LINSENPASTETE

In dieser Variante des traditionellen vietnamesischen Sandwichs wird die Fleischpastete durch Linsenpaste ersetzt. Die knackigen Linsensprossen auf keinen Fall weglassen!

ERGIBT 4 STÜCK ▪ VORBEREITUNG 40 MIN ▪ GARZEIT 10 MIN, PLUS 1 STD KÜHLZEIT

- 175 g gegarte grüne Linsen
- 60 g Walnüsse, grob gehackt
- 1 EL Misopaste
- 1 TL Sojasauce
- 2 TL Apfelessig
- 1½ EL Olivenöl
- Salz und frisch gemahlener schwarzer Pfeffer
- 50 g geraspelte Möhren
- 50 g geraspelter Daikon-Rettich
- 80 ml Reisweinessig
- 1 Prise Zucker
- 30 g gekeimte braune Linsen
- 1 langes, dünnes Baguette
- 80 g Mayonnaise
- 1 kleine Salatgurke, geschält und in lange, dünne Streifen geschnitten
- 2 kleine Jalapeño-Chilis, entkernt und fein gehackt
- 2 Handvoll frisches Koriandergrün

1. Für die Linsenpastete grüne Linsen, Walnüsse, Misopaste, Sojasauce und Apfelessig in einem Mixer pürieren. Bei langsam laufendem Motor allmählich das Öl zugeben. Die Pastete mit Salz und Pfeffer abschmecken. In eine kleine Schüssel füllen. Frischhaltefolie direkt auf die Pastete legen und andrücken. 1 Stunde in den Kühlschrank stellen.

2. In einer zweiten Schüssel Möhre, Rettich, Essig, Zucker und gekeimte Linsen vermischen. Abgedeckt ebenfalls 1 Stunde in den Kühlschrank stellen.

3. Den Backofen auf 180 °C vorheizen. Das Baguette auf-, aber nicht ganz durchschneiden – eine Längsseite sollte noch verbunden sein. Das Baguette quer in vier gleich große Stücke schneiden. Diese auf ein Backblech legen und 5 Minuten im Backofen rösten. Sie sollten knusprig, aber nicht hart sein. Abkühlen lassen.

4. Die Baguettestücke vorsichtig aufklappen. Jedes mit der gleichen Menge Mayonnaise bestreichen. Auf den unteren Hälften die Linsenpastete verteilen. Mit der Möhrenmischung und Gurke belegen und mit Chili und Koriandergrün garnieren. Die Sandwiches sofort servieren.

AUCH LECKER Reichhaltiger wird es, wenn Sie jedes Sandwich zusätzlich mit einer Scheibe gegrilltem Tofu (25 g) belegen.

Nährwerte pro Sandwich
Brennwert 440 kcal | Fett 24 g | davon gesättigte Fette 6 g | Cholesterin 15 mg | Natrium 760 mg | Kohlenhydrate 46 g | Ballaststoffe 8 g | Zucker 10 g | Proteine 10 g

SCHMORGERICHTE & CURRYS

GESCHMORTER LAUCH MIT PUY-LINSEN

Beim Schmoren entwickelt der Lauch eine feine Süße, die ausgezeichnet zum erdigen Aroma der Puy-Linsen passt.

FÜR 6 PORTIONEN ▪ VORBEREITUNG 15 MIN ▪ GARZEIT 30 MIN

- 6 Lauchstangen
- 3 EL Butter
- 1 EL trockener Wermut
- 3 Zweige Thymian
- 120 ml Gemüsebrühe
- 175 g gegarte Puy-Linsen oder grüne Linsen
- Salz und frisch gemahlener schwarzer Pfeffer
- 2 EL frisch gehackte glatte Petersilie

1. Vom Lauch die Wurzelenden und das dunkle Grün abschneiden, die Stangen sollten dabei intakt bleiben. Jede Stange längs halbieren und 5 Minuten in kaltes Wasser legen, um den Schmutz im Innern zu entfernen. Anschließend abtropfen lassen.

2. Die Butter in einer großen Pfanne bei mittlerer bis schwacher Hitze zerlassen. Den Wermut zugeben, dann die Lauchstangen mit der Schnittseite nach unten in die Pfanne legen und 4 Minuten braten.

3. Thymian (ganze Zweige) und Brühe zufügen und langsam zum Kochen bringen. Die Temperatur reduzieren und den Lauch abgedeckt 10–15 Minuten gar köcheln lassen.

4. Die Linsen zugeben und weitere 5 Minuten schmoren. Mit Salz und Pfeffer würzen.

5. Die Thymianzweige entfernen. Den Lauch mit einer (Spargel-)Zange vorsichtig auf eine Servierplatte heben. Linsen und Garflüssigkeit darauf verteilen, mit Petersilie bestreuen und sofort servieren.

FÜR VEGANER Ersetzen Sie die Butter durch vegane Butter.

Nährwerte pro Portion
Brennwert 150 kcal | Fett 6 g | davon gesättigte Fette 3 g | Cholesterin 15 mg | Natrium 20 mg | Kohlenhydrate 19 g | Ballaststoffe 4 g | Zucker 4 g | Proteine 4 g

KICHERERBSEN-TIKKA MASALA

IN SALATSCHÄLCHEN

Das milde Curryaroma passt wunderbar zu dem süßlich-milden Kopfsalat und der weichen Konsistenz der Kichererbsen.

FÜR 6 PORTIONEN ▪ VORBEREITUNG 20 MIN ▪ GARZEIT 35 MIN

1 EL Ghee

1 kleine weiße Zwiebel, gehackt

1 EL Garam Masala

½ TL gemahlene Kurkuma

1 kleine grüne Chili, entkernt und fein gehackt

¼ TL frisch geriebener Ingwer

350 g gegarte Kichererbsen

500 g passierte Tomaten

60 g Joghurt (10 % Fett)

Salz und frisch gemahlener schwarzer Pfeffer

12 kleine gerundete Kopfsalatblätter, gewaschen und trocken getupft

½ rote Zwiebel, in dünne Ringe geschnitten

2 EL frisch gehacktes Koriandergrün

1. Das Ghee in einer großen Pfanne erhitzen. Die Zwiebel darin bei mittlerer bis schwacher Hitze 2 Minuten glasig dünsten. Garam Masala, Kurkuma, Chili und Ingwer unterrühren und 1 Minute erhitzen.

2. Kichererbsen, passierte Tomaten und Joghurt zufügen und zum Kochen bringen. Bei schwacher Hitze 20 Minuten köcheln lassen, bis Sauce und Kichererbsen sehr heiß sind. Mit Salz und Pfeffer abschmecken, vom Herd nehmen und 5 Minuten ruhen lassen.

3. Die Kichererbsenmischung gleichmäßig auf den Salatblättern verteilen. Mit Zwiebel und Koriandergrün garnieren und sofort servieren.

AUCH LECKER Wer es knackiger mag, nimmt kleine Wirsingblätter anstelle der Salatblätter.

Nährwerte pro Portion
Brennwert 100 kcal | Fett 2,5 g | davon gesättigte Fette 1 g | Cholesterin <5 mg | Natrium 100 mg | Kohlenhydrate 15 g | Ballaststoffe 4 g | Zucker 5 g | Proteine 5 g

GRÜNES CURRY MIT LINSEN & BROKKOLI

Knackiger Brokkoli ergänzt die cremige Currysauce, und die Linsen machen dieses thailändische Gericht sättigend. Reichen Sie dazu Basmati- oder Jasminreis.

FÜR 8 PORTIONEN ▪ VORBEREITUNG 30 MIN ▪ GARZEIT 40 MIN

- 1 EL Pflanzenöl
- 1 Schalotte, fein gehackt
- 1 Knoblauchzehe, fein gehackt
- 1 EL grüne Currypaste
- 400 ml Kokosmilch
- ½ EL Sojasauce
- 1 Kaffirlimettenblatt, alternativ 1 EL Limettensaft
- 1 kleine rote Paprika, entkernt, in feine Streifen geschnitten
- 200 g Brokkoliröschen
- 175 g gegarte grüne Linsen
- 100 g frische Shiitake-Pilze, in Scheiben geschnitten
- 75 g grüne Bohnen, klein geschnitten
- 1 EL frisch gehacktes Basilikum
- Salz und frisch gemahlener schwarzer Pfeffer

1. Das Öl in einem großen Topf erhitzen. Schalotte und Knoblauch darin bei mittlerer bis schwacher Hitze 2 Minuten glasig dünsten. Die Currypaste unterrühren und 1 Minute mitgaren.

2. Kokosmilch, Sojasauce und Kaffirlimettenblatt (oder Limettensaft) zufügen und 10 Minuten köcheln lassen. Die Paprika zugeben und weitere 10 Minuten garen.

3. Brokkoli, Linsen, Pilze, grüne Bohnen und Basilikum in den Topf geben und alles weitere 10 Minuten köcheln lassen. Dann sollten Brokkoli, Bohnen und Pilze gar sein. Das Limettenblatt entfernen, das Curry mit Salz und Pfeffer abschmecken und sofort servieren.

LIEBER NICHT VEGETARISCH? 225 g Hähnchenbrust, in dünne Scheiben geschnitten, in Schritt 1 mit der Schalotte zugeben.

Nährwerte pro Portion
Brennwert 150 kcal | Fett 11 g | davon gesättigte Fette 9 g | Cholesterin 0 mg | Natrium 200 mg | Kohlenhydrate 11 g | Ballaststoffe 4 g | Zucker 3 g | Proteine 4 g

KIDNEYBOHNEN-CURRY

Die fleischigen Kidneybohnen werden für dieses einfache Curry in einer würzigen Zwiebel-Tomaten-Sauce geschmort. Servieren Sie das Curry mit Basmatireis.

FÜR 6 PORTIONEN ▪ VORBEREITUNG 25 MIN ▪ GARZEIT 30 MIN

2 EL Pflanzenöl
1 Zwiebel, gewürfelt
3 Knoblauchzehen, fein gehackt
2 TL geriebener Ingwer
1 kleine grüne oder rote Chili, entkernt und fein gehackt
1 Dose gehackte Tomaten (400 g)
¼ TL gemahlene Kurkuma
1 EL gemahlener Koriander
1 EL gemahlener Kreuzkümmel
1½ TL Garam Masala
500 g gegarte Kidneybohnen
120 ml Gemüsebrühe
Salz und frisch gemahlener schwarzer Pfeffer
2 EL frisch gehacktes Koriandergrün

1. Das Öl in einem Topf erhitzen. Die Zwiebel darin bei mittlerer bis hoher Temperatur 2–3 Minuten weich dünsten. Knoblauch, Ingwer und Chili zugeben und 1–2 Minuten mitgaren.

2. Gehackte Tomaten, Kurkuma, Koriander, Kreuzkümmel und Garam Masala unterrühren. Aufkochen, anschließend bei schwacher Hitze abgedeckt 7–8 Minuten köcheln lassen. Dabei gelegentlich umrühren.

3. Kidneybohnen und Brühe in den Topf geben und weitere 10 Minuten unter regelmäßigem Rühren kochen. Mit Salz und Pfeffer abschmecken. In eine Schüssel füllen und mit Koriandergrün bestreut sofort servieren.

LIEBER NICHT VEGETARISCH? In Schritt 1 mit den Zwiebeln 225 g rohe Hähnchenbrustwürfel in den Topf geben.

Nährwerte pro Portion
Brennwert 180 kcal | Fett 4 g | davon gesättigte Fette 3 g | Cholesterin 0 mg | Natrium 170 mg | Kohlenhydrate 28 g | Ballaststoffe 9 g | Zucker 4 g | Proteine 9 g

DOPIAZA MIT KÜRBIS & MUNGOBOHNEN

»Dopiaza« bedeutet auf Hindi »zwei Zwiebeln«. Gebratene Zwiebeln verbinden sich in diesem afghanischen Curry mit cremiger Kokosnuss. Dazu schmeckt Reis oder Naan.

FÜR 6 PORTIONEN ▪ VORBEREITUNG 30 MIN ▪ GARZEIT 1 STD 30 MIN

675 g Butternusskürbis, geschält und gewürfelt
2 EL Pflanzenöl
2 Zwiebeln
2 Knoblauchzehen, fein gehackt
1 TL frisch geriebener Ingwer
1½ TL gemahlener Kreuzkümmel
1 TL gemahlener Koriander
2½ TL Garam Masala
1 TL Chiliflocken
½ TL gemahlene Kurkuma
60 g passierte Tomaten
400 ml Kokosmilch
3 Romatomaten, grob gehackt
250 ml Gemüsebrühe
500 g gegarte Mungobohnen
3 EL frisch gehacktes Koriandergrün

1. Den Backofen auf 190 °C vorheizen. Die Kürbiswürfel mit 1 Esslöffel Öl mischen und auf dem Backblech verteilen. Im Ofen 15–25 Minuten garen, dabei ab und zu wenden.

2. In der Zwischenzeit eine Zwiebel würfeln, die andere in dünne Ringe schneiden. Getrennt beiseitestellen.

3. Den verbliebenen Esslöffel Öl in einem großen Topf erhitzen. Die Zwiebelringe darin bei mittlerer bis schwacher Hitze karamellisieren. Das dauert 7–8 Minuten. Herausnehmen und beiseitestellen.

4. Die gewürfelte Zwiebel in den Topf geben und 1–2 Minuten dünsten. Knoblauch und Ingwer zufügen und 1–2 Minuten mitdünsten. Kreuzkümmel, Koriander, Garam Masala, Chiliflocken und Kurkuma unterrühren und 1 Minute mitgaren.

5. Passierte Tomaten, Kokosmilch, Romatomaten und Brühe in den Topf geben. Aufkochen lassen, anschließend bei reduzierter Hitze etwa 5 Minuten köcheln lassen, bis die Tomaten weich sind. Den Topf vom Herd nehmen und etwas abkühlen lassen.

6. Die Tomatenmischung im Mixer glatt pürieren. Wieder in den Topf gießen und bei schwacher Hitze erwärmen. Gerösteten Kürbis und Mungobohnen unterheben und 15 Minuten abgedeckt köcheln lassen, bis die Sauce leicht eindickt. Karamellisierte Zwiebel zugeben. Mit Koriandergrün bestreut sofort servieren.

Nährwerte pro Portion
Brennwert 320 kcal | Fett 17 g | davon gesättigte Fette 14 g | Cholesterin 0 mg | Natrium 65 mg | Kohlenhydrate 37 g | Ballaststoffe 9 g | Zucker 8 g | Proteine 10 g

LINSEN-BOLOGNESE

Klassische Bolognese ist ein Wohlfühlgericht. Hier präsentiert es sich vegetarisch, verfeinert mit warmen Gewürzen. Schmeckt auf Reis oder Polenta.

FÜR 8 PORTIONEN ▪ VORBEREITUNG 30 MIN ▪ GARZEIT 1 STD

2 EL Olivenöl

2 Selleriestangen, fein gewürfelt

1 kleine Zwiebel, fein gewürfelt

2 Möhren, geschält und fein gewürfelt

2 Knoblauchzehen, fein gehackt

400 g ungegarte braune Linsen

2 Dosen gehackte Tomaten (à 400 g)

2 EL Tomatenmark

1 l Gemüsebrühe

1 Lorbeerblatt

120 g Sahne

¼ TL geriebene Muskatnuss

Salz und frisch gemahlener schwarzer Pfeffer

1. Das Öl in einem Topf erhitzen. Sellerie, Zwiebel und Möhren darin bei mittlerer bis schwacher Hitze etwa 10 Minuten weich dünsten. Den Knoblauch zugeben und 3–4 Minuten mitbraten.

2. Linsen, Tomaten, Tomatenmark, Brühe und Lorbeerblatt in den Topf geben, aufkochen, dann bei schwacher Hitze abgedeckt 35 Minuten köcheln lassen, bis die Linsen weich sind und die Sauce eindickt.

3. Sahne und Muskat zufügen, umrühren und weitere 5 Minuten köcheln lassen. Mit Salz und Pfeffer abschmecken, das Lorbeerblatt entfernen und sofort servieren.

FÜR VEGANER Statt Sahne eine pflanzliche Creme verwenden.

Nährwerte pro Portion
Brennwert 290 kcal | Fett 10 g | davon gesättigte Fette 4 g | Cholesterin 20 mg | Natrium 180 mg | Kohlenhydrate 39 g | Ballaststoffe 17 g | Zucker 7 g | Proteine 14 g

INDISCHER SPINAT MIT LINSEN

In diesem Rezept, das von indischen Gerichten inspiriert ist, geben grüne Linsen cremigem Spinat den richtigen Biss. Dazu reichen Sie am besten warmes Knoblauch-Naan oder Reis.

FÜR 4 PORTIONEN ▪ VORBEREITUNG 15 MIN ▪ GARZEIT 30 MIN

1½ TL Kreuzkümmelsamen
6 EL Ghee
1½ TL gemahlene Kurkuma
½ TL gemahlener Koriander
1 große grüne Chili, entkernt und fein gehackt
2 Knoblauchzehen, fein gehackt
675 g junger Blattspinat
260 g gegarte grüne Linsen
60 g Sahne
Salz und frisch gemahlener schwarzer Pfeffer

1. Die Kreuzkümmelsamen im Mörser zu einem feinen Pulver zerstoßen.

2. Das Ghee in einem Topf erhitzen. Kreuzkümmel, Kurkuma und Koriander darin bei mittlerer bis schwacher Hitze 1 Minute anrösten. Die Chili zufügen und 3 Minuten gerade eben weich dünsten. Den Knoblauch in den Topf geben und 2 Minuten mitgaren.

3. Den Spinat unterrühren und 5 Minuten erhitzen, bis er zusammenfällt.

4. Linsen und Sahne zufügen und alles mit schräg aufliegendem Deckel bei schwacher Hitze 15 Minuten köcheln lassen, dabei regelmäßig umrühren. Danach sollte die Sauce eingedickt sein.

5. Mit Salz und Pfeffer abschmecken und sofort servieren.

FÜR VEGANER Ghee durch Raps- oder Pflanzenöl ersetzen und statt Sahne eine milchfreie Alternative wählen.

Nährwerte pro Portion
Brennwert 420 kcal | Fett 11 g | davon gesättigte Fette 7 g | Cholesterin 10 mg | Natrium 135 mg | Kohlenhydrate 57 g | Ballaststoffe 32 g | Zucker <1 g | Proteine 24 g

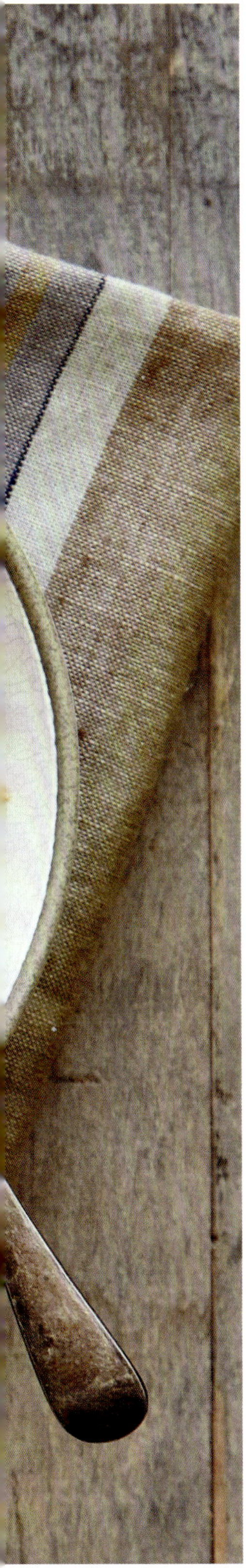

STRAUCHERBSEN-VINDALHO

Typisch für dieses indische Curry ist, dass die Schärfe mit warmen Gewürzen wie Zimt und Kardamom ausgeglichen wird. Servieren Sie dazu Reis oder Naan und kalte Raita.

FÜR 4 PORTIONEN ▪ VORBEREITUNG 25 MIN ▪ GARZEIT 40 MIN

1¼ EL gemahlener Kreuzkümmel
1 EL gemahlener Koriander
¾ TL gemahlene Kurkuma
½ TL gemahlener Kardamom
½ EL gemahlene Senfkörner
1 EL Paprikapulver
1 EL Pflanzenöl
1 kleine Zwiebel, gewürfelt
3 Knoblauchzehen, fein gehackt
¾ EL frisch gehackter Ingwer
1 große rote Thai-Chili, entkernt und fein gehackt
1 Lorbeerblatt
1 Zimtstange
225 g passierte Tomaten
1 EL Rotweinessig
450 g gegarte Straucherbsen oder Augenbohnen
Salz und frisch gemahlener schwarzer Pfeffer

1. Kreuzkümmel, Koriander, Kurkuma, Kardamom, Senf- und Paprikapulver in einer kleinen Schüssel gut vermischen.

2. Das Öl in einem Topf erhitzen. Die Zwiebel darin bei mittlerer Hitze 3–4 Minuten glasig dünsten.

3. Knoblauch, Ingwer und Chili unterrühren und 2 Minuten anrösten. Die Gewürzmischung zufügen, Lorbeerblatt, Zimtstange, passierte Tomaten, Essig und 250 ml Wasser zugeben. Alles aufkochen, dann bei reduzierter Hitze abgedeckt 10 Minuten köcheln lassen.

4. Die Straucherbsen (oder Bohnen) in den Topf geben und unterheben. Aufkochen, danach abgedeckt bei reduzierter Hitze 20 Minuten köcheln lassen. Zimtstange und Lorbeerblatt entfernen. Mit Salz und Pfeffer abschmecken und sofort servieren.

LIEBER NICHT VEGETARISCH? 450 g magere Rinderfiletwürfel anbraten und mit den passierten Tomaten zum Vindalho geben.

Nährwerte pro Portion
Brennwert 250 kcal | Fett 5 g | davon gesättigte Fette 3 g | Cholesterin 0 mg | Natrium 590 mg | Kohlenhydrate 42 g | Ballaststoffe 12 g | Zucker 9 g | Proteine 11 g

TAJINE MIT KÜRBIS & ERBSEN

Das marokkanische Gericht mit seinen warmen Gewürzen verdankt seinen Namen dem traditionellen Tontopf, in dem es langsam schmort. Es kann aber auch im normalen Topf zubereitet werden.

FÜR 6 PORTIONEN ▪ VORBEREITUNG 45 MIN ▪ GARZEIT 45 MIN

1 EL Kokosöl
1 Zwiebel, gehackt
1 Möhre, gewürfelt
2 Knoblauchzehen, fein gehackt
1 TL frisch geriebener Ingwer
1 TL Rauchpaprika
1 Zimtstange
¼ TL gemahlener Piment
½ TL gemahlener Koriander
¼ TL gemahlener Kardamom
2 EL Tomatenmark
500 ml Gemüsebrühe
1 Garten- oder Butternusskürbis, geschält, entkernt und gewürfelt (ca. 675 g)
325 g gegarte Straucherbsen
Saft von 1 großen Zitrone
75 g Datteln, entsteint und gehackt
Salz und frisch gemahlener schwarzer Pfeffer

1. Das Kokosöl in einer Tajine oder einem Schmortopf erhitzen. Zwiebel und Möhre darin bei mittlerer bis schwacher Hitze 2–3 Minuten dünsten. Knoblauch und Ingwer zufügen und weitere 1–2 Minuten braten.

2. Paprikapulver, Zimtstange, Piment, Koriander und Kardamom unterrühren und 1 Minute durchwärmen. Tomatenmark und Brühe zugeben und die Zutaten gut verrühren.

3. Den Kürbis zugeben und alles abgedeckt 15 Minuten köcheln lassen. Die Straucherbsen zufügen und weitere 10 Minuten köcheln lassen, bis der Kürbis weich ist. Zitronensaft und Datteln unterrühren und mit Salz und Pfeffer abschmecken. Die Zimtstange entfernen und sofort servieren.

LIEBER NICHT VEGETARISCH? 450 g sehr klein gewürfelte Lammschulter in einer Pfanne ohne Fett anbraten und mit dem Kürbis zugeben.

Nährwerte pro Portion
Brennwert 210 kcal | Fett 2,5 g | davon gesättigte Fette 2 g | Cholesterin 0 mg | Natrium 260 mg | Kohlenhydrate 41 g | Ballaststoffe 8 g | Zucker 22 g | Proteine 5 g

KREOLISCHE AUGENBOHNEN

Essig und scharfer Cayennepfeffer bilden hier das Gegengewicht zum erdigen Geschmack der Augenbohnen. Servieren Sie dazu Vollkornreis oder Quinoa.

FÜR 4 PORTIONEN • VORBEREITUNG 15 MIN • GARZEIT 55 MIN

1 EL Rapsöl oder anderes geschmacksneutrales Pflanzenöl

1 grüne Paprika, entkernt und fein gewürfelt

1 Zwiebel, fein gewürfelt

1 Selleriestange, fein gewürfelt

1 Knoblauchzehe, fein gehackt

5 Zweige Thymian

1 Lorbeerblatt

600 ml Gemüsebrühe

250 g eingeweichte Augenbohnen

¾ TL Cayennepfeffer

½ TL Paprikapulver

1 EL Weißweinessig

Salz und frisch gemahlener schwarzer Pfeffer

1. Das Öl in einem Topf erhitzen. Paprika, Zwiebel und Sellerie darin bei mittlerer bis schwacher Hitze 3–4 Minuten weich dünsten. Den Knoblauch zugeben und 1–2 Minuten mitgaren.

2. Thymian, Lorbeerblatt und Brühe zufügen und zum Kochen bringen. Anschließend bei reduzierter Hitze 5 Minuten köcheln lassen. Augenbohnen, Cayennepfeffer und Paprikapulver unterrühren.

3. Zum Kochen bringen, dann bei schwacher Hitze abgedeckt 30–40 Minuten köcheln lassen, bis die Bohnen weich sind. Falls nötig, bis zu 120 ml zusätzliche Brühe zugießen.

4. Den Essig unterrühren und mit Salz und Pfeffer abschmecken. Thymianzweige und Lorbeerblatt entfernen und sofort servieren.

LIEBER NICHT VEGETARISCH? 70 g gewürfelten Kochschinken oder gegartes Schweinefleisch mit den Bohnen zufügen.

Nährwerte pro Portion
Brennwert 270 kcal | Fett 5 g | davon gesättigte Fette 0 g | Cholesterin 0 mg | Natrium 780 mg | Kohlenhydrate 41 g | Ballaststoffe 11 g | Zucker 5 g | Proteine 13 g

SÜSSSAURER ROTKOHL
MIT BRAUNEN LINSEN

Zucker, Apfel und Essig verleihen dem Gericht seinen unverwechselbaren Geschmack. Wird es am nächsten Tag aufgewärmt, schmeckt es noch besser.

FÜR 4 PORTIONEN ▪ VORBEREITUNG 20 MIN ▪ GARZEIT 50 MIN

1 EL Olivenöl
1 Schalotte, fein gehackt
1 kleiner Rotkohl, ohne Strunk, gehobelt
1 Apfel, geschält und in feine Streifen geschnitten
¼ TL Fenchelsamen
3 EL Vollrohrzucker
120 ml Apfelessig
175 g gegarte braune Linsen

1. Das Öl in einem Bräter oder einer Pfanne erhitzen. Die Schalotte darin bei mittlerer Hitze 3 Minuten glasig dünsten, aber nicht bräunen. Kohl und Apfel zufügen und alles gut mischen.

2. Fenchelsamen, Vollrohrzucker und Essig unterrühren und aufkochen lassen, anschließend die Temperatur reduzieren und alles bei schwacher Hitze abgedeckt 25 Minuten köcheln lassen.

3. Die Linsen unterrühren und abgedeckt weitere 20 Minuten köcheln, bis der Kohl weich ist. Sofort servieren.

Nährwerte pro Portion
Brennwert 210 kcal | Fett 4 g | davon gesättigte Fette 0 g | Cholesterin 0 mg | Natrium 60 mg | Kohlenhydrate 41 g | Ballaststoffe 9 g | Zucker 23 g | Proteine 8 g

GESCHMORTE KICHER-ERBSEN MIT ZITRONE

In Salzlake eingelegte Zitronen werden in Nordafrika als Gewürz verwendet. Hier verfeinern sie ein einfaches Schmorgericht mit ihrem zarten Aroma.

FÜR 6 PORTIONEN ▪ VORBEREITUNG 15 MIN ▪ GARZEIT 40 MIN

1 EL Olivenöl

1 kleine Zwiebel, gehackt

1 Knoblauchzehe, fein gehackt

500 g gegarte Kichererbsen

450 g Mangold (Blätter und Stiele), gehackt

120 ml Gemüsebrühe

75 g grüne Oliven, entsteint und gehackt

½ EL fein gehackte Salzzitrone, alternativ abgeriebene Zitronenschale (bio)

Salz und frisch gemahlener schwarzer Pfeffer

1. In einem großen Schmortopf das Öl erhitzen. Die Zwiebel darin bei mittlerer Hitze 2 Minuten glasig dünsten. Den Knoblauch zugeben und 1 Minute mitdünsten.

2. Kichererbsen und Mangold unterheben. Die Brühe zugießen und alles abgedeckt 15 Minuten kochen, bis der Mangold weich ist.

3. Oliven und Zitrone unterrühren. Weitere 10 Minuten abgedeckt garen. Mit Salz und Pfeffer abschmecken und sofort servieren.

Nährwerte pro Portion
Brennwert 190 kcal | Fett 6 g | davon gesättigte Fette 1 g | Cholesterin 0 mg | Natrium 530 mg | Kohlenhydrate 29 g | Ballaststoffe 8 g | Zucker 7 g | Proteine 9 g

FRIJOLES BORRACHOS

Übersetzt heißt das mexikanische Rezept »beschwipste Bohnen«. Die herzhafte Suppe mit Bier ist ein wunderbares Alltagsessen.

FÜR 8 PORTIONEN ▪ VORBEREITUNG 20 MIN, PLUS 8 STD EINWEICHEN ▪ GARZEIT 1 STD 35 MIN

2 l Gemüsebrühe

450 g Pintobohnen, eingeweicht und gut abgetropft

1 große Zwiebel, halbiert

3 Knoblauchzehen

1 EL Pflanzenöl

1 kleine Serrano-Chili, entkernt und fein gehackt

2 große Tomaten, gehackt

350 ml dunkles Bier, mexikanisches, falls erhältlich

2 EL Tomatenmark

Salz und frisch gemahlener Pfeffer

1. Brühe, Pintobohnen, ½ Zwiebel und 1 Knoblauchzehe in einen großen Topf geben. Zum Kochen bringen, dann bei mittlerer Hitze abgedeckt 45 Minuten köcheln lassen, bis die Bohnen weich sind. Bei Bedarf zusätzliche Brühe zugießen.

2. In der Zwischenzeit die andere Zwiebelhälfte und die verbliebenen 2 Knoblauchzehen fein hacken.

3. Den Topf vom Herd nehmen und die Bohnen in einem Sieb abgießen. Knoblauchzehe und Zwiebelhälfte entfernen. Die Bohnen gut abtropfen lassen.

4. Den Topf ausspülen und das Öl darin erhitzen. Die gehackte Zwiebel darin bei mittlerer bis schwacher Hitze 2–3 Minuten glasig dünsten, Knoblauch und Chili zugeben und 1 Minute mitgaren.

5. Abgetropfte Bohnen, Tomaten, Bier und Tomatenmark zugeben und gut umrühren. Abgedeckt 20 Minuten köcheln lassen, bis die Flüssigkeit leicht eindickt. Mit Salz und Pfeffer abschmecken und sofort servieren.

LIEBER NICHT VEGETARISCH? 2 Scheiben geräucherten durchwachsenen Speck in Schritt 4 mit Zwiebel und Knoblauch braten.

Nährwerte pro Portion
Brennwert 270 kcal | Fett 2,5 g | davon gesättigte Fette 1,5 g | Cholesterin 0 mg | Natrium 430 mg | Kohlenhydrate 45 g | Ballaststoffe 11 g | Zucker 6 g | Proteine 13 g

LINSEN MIT TOMATEN & GRÜNEN BOHNEN

Gelbe Tomaten geben diesem Gericht die feine Säure. Sie werden staunen, wie gut ein so einfaches Essen schmecken kann!

FÜR 6 PORTIONEN ▪ VORBEREITUNG 15 MIN ▪ GARZEIT 1 STD 15 MIN

350 g grüne Bohnen
1 EL Olivenöl
1 kleine Zwiebel, fein gewürfelt
1 Knoblauchzehe, fein gehackt
500 g gelbe Kirschtomaten, halbiert
60 ml trockener Weißwein
350 ml Gemüsebrühe
1 Prise Chiliflocken
115 g gegarte braune Linsen
Salz und frisch gemahlener schwarzer Pfeffer

1. Die Bohnen putzen, waschen und abtropfen lassen. Das Öl in einem Schmortopf erhitzen. Die Zwiebel darin bei mittlerer bis schwacher Hitze 2–3 Minuten glasig dünsten, den Knoblauch zugeben und 1–2 Minuten mitgaren.

2. Tomaten und Weißwein zufügen und abgedeckt 5 Minuten garen. Brühe und Chiliflocken dazugeben, aufkochen und anschließend abgedeckt 15 Minuten köcheln lassen. Gelegentlich umrühren.

3. Grüne Bohnen und Linsen dazugeben und abgedeckt 10 Minuten köcheln lassen. Mit Salz und Pfeffer abschmecken.

4. Ohne Deckel weitere 5 Minuten sanft köcheln lassen, damit etwas Flüssigkeit verdampft, dann servieren.

LIEBER NICHT VEGETARISCH? Für ein kräftigeres Aroma 30 g rohe Schinkenwürfel mit der Zwiebel zufügen.

Nährwerte pro Portion
Brennwert 140 kcal | Fett 2,5 g | davon gesättigte Fette 0 g | Cholesterin 0 mg | Natrium 40 mg | Kohlenhydrate 21 g | Ballaststoffe 9 g | Zucker 5 g | Proteine 7 g

AUFLÄUFE & GRATINS

PAELLA MIT DREIERLEI BOHNEN

Diese farbenfrohe Variante des spanischen Klassikers enthält drei verschiedene Hülsenfrüchte, dazu Safranreis, rote Paprika und grüne Oliven.

FÜR 10 PORTIONEN ▪ VORBEREITUNG 35 MIN ▪ GARZEIT 65 MIN

2 EL Olivenöl
1 Zwiebel, gehackt
3 Knoblauchzehen, fein gehackt
1 Prise Safranfäden
1 Prise Chiliflocken
250 g gehackte Tomaten
1 TL Rauchpaprika
450 g ungegarter Paellareis
750 ml Gemüsebrühe
150 g gegarte weiße Bohnen
150 g gegarte Straucherbsen
150 g gegarte Kidneybohnen
60 g Erbsen (TK), aufgetaut
Salz und frisch gemahlener schwarzer Pfeffer
60 g rote gegrillte Paprika, in Streifen geschnitten
60 g grüne spanische Oliven, entsteint und in Scheiben geschnitten
1 große Zitrone, geachtelt
Glatte Petersilie zum Garnieren

1. Das Öl in einer Paellapfanne oder großen Gusseisenpfanne erhitzen. Die Zwiebel darin bei mittlerer Hitze 2 Minuten glasig dünsten. Den Knoblauch zugeben und kurz mitgaren. Safran, Chiliflocken, Tomaten und Paprikapulver zufügen. Den Reis unterrühren und 2–3 Minuten braten.

2. Die Brühe zugießen, umrühren und zum Kochen bringen. Bei schwacher Hitze abgedeckt 20 Minuten köcheln lassen, dann weiße Bohnen, Straucherbsen und Kidneybohnen in die Pfanne geben. Abgedeckt weitere 10 Minuten köcheln lassen. Die Erbsen zugeben, aber nicht umrühren! Weitere 10 Minuten mit Deckel garen, dann die Pfanne vom Herd nehmen.

3. Mit Salz und Pfeffer abschmecken. Die Paella mit Paprikastreifen und Oliven garnieren und abgedeckt 5 Minuten ruhen lassen. Mit Zitronenspalten und mit Petersilie garniert servieren.

LIEBER NICHT VEGETARISCH? Mit den Paprikastreifen zum Schluss 250 g geschälte, entdarmte und gegarte Garnelen zufügen.

Nährwerte pro Portion
Brennwert 290 kcal | Fett 4,5 g | davon gesättigte Fette 0,5 g | Cholesterin 0 mg | Natrium 260 mg | Kohlenhydrate 55 g | Ballaststoffe 6 g | Zucker 4 g | Proteine 8 g

ENCHILADAS MIT LIMABOHNEN

Tomatillos sind eine Hauptzutat vieler mexikanischer Saucen. Ihr säuerliches Aroma harmoniert gut mit süßlichen Limabohnen.

ERGIBT 10 STÜCK ▪ VORBEREITUNG 55 MIN ▪ GARZEIT 1 STD

675 g Tomatillos, ohne Hülsen, grob gehackt, alternativ unreife Tomaten, grob gehackt
2 mittelgroße Jalapeño-Chilis, entkernt und gehackt
1 Zwiebel, gehackt
3 EL frisch gehacktes Koriandergrün
160 ml Gemüsebrühe
Salz und frisch gemahlener schwarzer Pfeffer
1 EL Pflanzenöl
1 Knoblauchzehe, fein gehackt
2 Zucchini, gewürfelt
150 g Maiskörner
200 g junger Blattspinat
1½ TL gemahlener Kreuzkümmel
1 TL gemahlener Koriander
1 Prise Chiliflocken
240 g gegarte Limabohnen
10 kleine Mais-Tortillas
300 g geriebenen Mozzarella
1 Handvoll Koriandergrün zum Garnieren

1. Den Backofen auf 180 °C vorheizen. Tomatillos, Chilis und Zwiebel auf ein Backblech legen und 20–25 Minuten im Ofen garen. Herausnehmen und etwas abkühlen lassen. Das Ofengemüse im Mixer mit Koriandergrün und Brühe glatt pürieren und mit Salz und Pfeffer abschmecken.

2. Für die Füllung das Öl in einer großen Pfanne erhitzen. Den Knoblauch darin bei mittlerer bis schwacher Hitze 1–2 Minuten weich dünsten. Zucchini und Mais zugeben und abgedeckt 2–3 Minuten braten, bis die Zucchini fast weich ist. Spinat, Kreuzkümmel, Koriander und Chiliflocken unterheben und abgedeckt weitere 3–4 Minuten garen, bis der Spinat zusammenfällt. Die Limabohnen dazugeben und mit Salz und Pfeffer abschmecken. Vom Herd nehmen.

3. Eine ofenfeste Form aus Glas oder Keramik leicht einölen. Etwas Sauce auf dem Boden verteilen. Eine Tortilla auf die Arbeitsfläche legen, 4 Esslöffel Füllung darauf verteilen und mit 2 Esslöffeln Käse bestreuen. Fest aufrollen und mit der Naht nach unten in die Form legen. Die übrigen neun Tortillas ebenso füllen.

4. Die restliche Sauce auf den Enchiladas verteilen und alles mit dem restlichen Käse bestreuen. Mit Alufolie abgedeckt 15 Minuten backen. Die Folie abnehmen und weitere 10 Minuten backen, bis der Käse geschmolzen ist. Mit Koriandergrün bestreuen und sofort servieren.

LIEBER NICHT VEGETARISCH? Für die Füllung nur eine Zucchini verwenden und 130 g gegarten und gewürfelten Schweinebraten hinzufügen.

AUCH LECKER Den geriebenen Käse durch zerbröselten Feta ersetzen.

Nährwerte pro Stück
Brennwert 180 kcal | Fett 6 g | davon gesättigte Fette 3 g | Cholesterin 10 mg | Natrium 340 mg | Kohlenhydrate 23 g | Ballaststoffe 5 g | Zucker 5 g | Proteine 10 g

TAMALE MIT BOHNEN-DUO

Die traditionelle mexikanische Tamale verbirgt Fleisch oder Gemüse unter einer Maisteighaube. So ähnlich haben schon die Mayas und Azteken gegessen!

FÜR 10 PORTIONEN ▪ VORBEREITUNG 40 MIN ▪ GARZEIT 50 MIN

1 EL Olivenöl
1 Zwiebel, gewürfelt
1 Knoblauchzehe, fein gehackt
1 kleine Jalapeño-Chili, entkernt und fein gehackt
1 rote Paprika, entkernt und gewürfelt
1 Zucchini, gewürfelt
220 g Maiskörner
1 TL Chipotle-Chilipulver
1 EL gemahlener Kreuzkümmel
1 Dose gehackte Tomaten (400 g)
2 EL Tomatenmark
180 ml Gemüsebrühe
225 g gegarte Pintobohnen
175 g gegarte Kidneybohnen
110 g Mehl
110 g Maismehl
1 TL Salz
1 TL Zucker
¾ TL Backpulver
¼ TL Natron
180 ml Milch
1 großes Ei
3 EL Butter, zerlassen

1. Den Backofen auf 220 °C vorheizen. Das Öl in einer ofenfesten Gusseisenpfanne erhitzen, bis es schimmert. Die Zwiebel darin 5–10 Minuten dünsten, dann Knoblauch und Chili zugeben und 1 Minute mitbraten.

2. Paprika, Zucchini und Mais geben und 2–3 Minuten mitgaren. Chilipulver und Kreuzkümmel unterrühren, dann gehackte Tomaten, Tomatenmark, Brühe, Pinto- und Kidneybohnen in die Pfanne geben. Aufkochen, anschließend bei schwacher Hitze 8–10 Minuten köcheln lassen. Die Pfanne danach vom Herd nehmen.

3. Inzwischen für die Teighaube Mehl, Polenta, Salz, Zucker, Backpulver und Natron in einer großen Schüssel mischen.

4. Milch und Ei in einer separaten Schüssel verquirlen, dann zur Mehlmischung gießen, die Butter zufügen und alles gut verrühren.

5. Den Teig auf der Gemüse-Bohnen-Mischung in der Pfanne verteilen. Im vorgeheizten Ofen 15 Minuten backen, bis der Teig gar und an den Rändern goldbraun ist. Sofort servieren.

LIEBER NICHT VEGETARISCH? 225 g Rinder- oder Geflügelhackfleisch anbraten und mit dem Knoblauch in die Pfanne geben.

Nährwerte pro Portion
Brennwert 280 kcal | Fett 8 g | davon gesättigte Fette 3 g | Cholesterin 30 mg | Natrium 170 mg | Kohlenhydrate 45 g | Ballaststoffe 6 g | Zucker 5 g | Proteine 7 g

GEFÜLLTE ZWIEBELN MIT URDBOHNEN

Die Füllung ist eine Mischung aus nussigen Urdbohnen, Quinoa und cremigem Ziegenkäse. Eine leckere, hübsche Vorspeise!

ERGIBT 8 STÜCK ▪ VORBEREITUNG 30 MIN ▪ GARZEIT 1 STD

4 Zwiebeln
500 ml Gemüsebrühe
½ TL Currypulver
½ TL Garam Masala
200 g ungegarte Quinoa tricolore
140 g gegarte Urdbohnen
170 g Ziegenweichkäse, zerbröselt
2 EL frisch gehacktes Koriandergrün, plus einige Blättchen zum Garnieren
Salz und frisch gemahlener schwarzer Pfeffer

1. Den Backofen auf 190 °C vorheizen. Von den Zwiebeln die Enden abschneiden, dann die Haut abziehen und die Zwiebeln halbieren. Die Zwiebelhälften vorsichtig mit einem Löffel oder Melonenausstecher aushöhlen, der Boden sollte aber intakt bleiben.

2. Die Zwiebelhälften wie Schalen in eine Auflaufform legen. 250 ml Wasser in die Form gießen. Die Form mit Alufolie abdecken und die Zwiebeln etwa 40 Minuten backen, bis sie weich sind.

3. In der Zwischenzeit Brühe, Curry und Garam Masala in einen Topf geben und aufkochen. Die Quinoa unterrühren und erneut aufkochen. Die Temperatur reduzieren und abgedeckt 15–18 Minuten köcheln lassen, dann vom Herd nehmen. 5 Minuten ruhen lassen.

4. Quinoa, Urdbohnen, Ziegenkäse und gehacktes Koriandergrün in einer Schüssel vermengen. Mit Salz und Pfeffer würzen.

5. Die Füllung gleichmäßig auf die Zwiebelschalen verteilen und alles weitere 20 Minuten im Ofen backen. Herausnehmen, mit Korianderblättchen garnieren und sofort servieren.

LIEBER NICHT VEGETARISCH? Nur 100 g gegarte Urdbohnen verwenden und zusätzlich 225 g angebratenes Lammhack mit den Bohnen zugeben.

Nährwerte pro Stück
Brennwert 240 kcal | Fett 7 g | davon gesättigte Fette 3,5 g | Cholesterin 10 mg | Natrium 140 mg | Kohlenhydrate 30 g | Ballaststoffe 6 g | Zucker 4 g | Proteine 12 g

GEFÜLLTE SÜSSKARTOFFELN
MIT BRIE & GRANATAPFEL

Dieses Gericht überrascht mit einem Mix aus süßen und herzhaften Aromen. Auch toll als Beilage.

ERGIBT 8 STÜCK ▪ VORBEREITUNG 15 MIN ▪ GARZEIT 1 STD 15 MIN

4 Süßkartoffeln (ca. 1 kg)

2 EL Pflanzenöl

400 g gegarte Motten- oder Urdbohnen

225 g Brie, in dünne Scheiben geschnitten

Salz und frisch gemahlener schwarzer Pfeffer

175 g Granatapfelkerne

1 Handvoll grob gehacktes Koriandergrün

1. Den Backofen auf 220 °C vorheizen. Ein Backblech mit Alufolie auslegen.

2. Jede Süßkartoffel längs halbieren und die Schnittfläche mit etwas Öl bestreichen. Die Hälften mit der Schnittfläche nach unten auf das Backblech legen und 30–40 Minuten backen, bis sie weich sind.

3. Die Süßkartoffeln umdrehen, sodass die Schnittflächen oben liegen. Mit einer Gabel das Innere auflockern, die Schale jedoch intakt lassen. Die Bohnen gleichmäßig auf den Süßkartoffelhälften verteilen und mit dem Brie belegen. Mit Salz und Pfeffer würzen.

4. Weitere 8–10 Minuten backen, bis der Käse geschmolzen ist. Jede Kartoffelhälfte mit Granatapfelkernen und Koriandergrün bestreuen und sofort servieren.

LIEBER NICHT VEGETARISCH? 60 g knusprig gebratene Schinkenwürfel mit den Granatapfelkernen auf jede Süßkartoffelhälfte geben.

Nährwerte pro Süßkartoffelhälfte
Brennwert 320 kcal | Fett 9 g | davon gesättigte Fette 5 g | Cholesterin 30 mg | Natrium 210 mg | Kohlenhydrate 48 g | Ballaststoffe 6 g | Zucker 16 g | Proteine 15 g

GEFÜLLTE TOMATEN GRIECHISCHE ART

Dill und Minze sorgen für das würzige Aroma. Legen Sie zum Servieren die Deckel auf die Tomaten.

FÜR 6 PORTIONEN ▪ VORBEREITUNG 30 MIN ▪ GARZEIT 50 MIN

6 große Tomaten
180 ml Gemüsebrühe
3 EL Olivenöl
1 kleine Zwiebel, gehackt
2 Knoblauchzehen, zerdrückt
2 EL Tomatenmark
2 EL frisch gehackter Dill
2 EL frisch gehackte Minze
2 EL frisch gehackte glatte Petersilie
Abgeriebene Schale und Saft von 1 Zitrone (bio)
220 g gegarte weiße Bohnen
180 g gegarter Basmatireis
Salz und frisch gemahlener schwarzer Pfeffer

1. Den Backofen auf 200 °C vorheizen. Von den Tomaten das obere Viertel abschneiden und beiseitelegen. Flüssigkeit, Kerne und Trennwände herauslösen. Die Tomaten in eine ungefettete ofenfeste Form setzen und 120 ml Gemüsebrühe hinzugießen.

2. In einer großen Pfanne 1 Esslöffel Öl erhitzen. Die Zwiebel darin 2–3 Minuten glasig dünsten. Den Knoblauch zugeben und 1 Minute mitgaren.

3. Tomatenmark, Dill, Minze, Petersilie, Zitronenschale und -saft, die verbliebenen 60 ml Brühe, Bohnen und Reis unterrühren. Mit Salz und Pfeffer abschmecken.

4. Die Tomaten mit der Bohnenmischung füllen, die aufbewahrten Deckel aufsetzen. Mit den verbliebenen 2 Esslöffeln Öl beträufeln, mit Alufolie abdecken und 20 Minuten backen. Die Alufolie entfernen und weitere 20 Minuten backen. Sofort servieren.

Nährwerte pro Tomate
Brennwert 180 kcal | Fett 8 g | davon gesättigte Fette 1 g | Cholesterin 0 mg | Natrium 400 mg | Kohlenhydrate 26 g | Ballaststoffe 6 g | Zucker 7 g | Proteine 5 g

GEBACKENE ADZUKIBOHNEN

Der Geschmack erinnert an koreanisches Barbecue: süß, herzhaft und etwas scharf.

FÜR 8 PORTIONEN ▪ VORBEREITUNG 20 MIN ▪ GARZEIT 1 STD 10 MIN

1 EL Sesamöl
1 Zwiebel, gewürfelt
1 EL Tomatenmark
100 g Vollrohrzucker
2½ EL Melasse, alternativ Zuckerrübensirup
1½ TL gemahlene Senfkörner
½ TL gemahlener Ingwer
2 EL Gochujang (koreanische Gewürzpaste)
1 EL Reisweinessig
1 EL helle Sojasauce
1,25 kg gegarte Adzukibohnen
Salz und frisch gemahlener schwarzer Pfeffer
180 ml Gemüsebrühe

1. Den Backofen auf 180 °C vorheizen. Das Sesamöl in einer großen Pfanne auf mittlerer Stufe erhitzen, bis es schimmert. Die Zwiebel darin 5–10 Minuten glasig dünsten.

2. Tomatenmark, Zucker, Melasse, Senf, Ingwer, Gochujang, Essig und Sojasauce unterrühren und 2–3 Minuten sprudelnd kochen.

3. Die Bohnen unterheben, mit Salz und Pfeffer abschmecken und alles in eine Auflaufform (2 l Fassungsvermögen) geben. Die Brühe zugießen und gut mischen.

4. Mit Alufolie abgedeckt 30 Minuten backen. Die Folie abnehmen und weitere 20 Minuten backen. Sofort servieren.

LIEBER NICHT VEGETARISCH? Wer ein rauchiges Aroma mag, kann 2 Scheiben geräucherten Speck würfeln und in Schritt 1 mit den Zwiebeln anbraten.

Nährwerte pro Portion
Brennwert 320 kcal | Fett 2 g | davon gesättigte Fette 0 g | Cholesterin 0 mg | Natrium 220 mg | Kohlenhydrate 62 g | Ballaststoffe 13 g | Zucker 20 g | Proteine 14 g

GEFÜLLTE POBLANOS MIT LINSEN & QUINOA

Die großen, milden Paprikas haben nach dem Garen ein leicht rauchiges Aroma und behalten gut ihre Form. Für diese Tex-Mex-Füllung sind sie geradezu ideal.

FÜR 8 PORTIONEN ▪ VORBEREITUNG 20 MIN ▪ GARZEIT 30 MIN

- 4 Poblanos, alternativ grüne Paprika
- 1 EL Olivenöl
- 150 g gegarte rote Quinoa
- 175 g gegarte Belugalinsen
- 150 g frische Maiskörner
- 1 EL gemahlener Kreuzkümmel
- 1½ TL Chipotle-Chilipulver
- ¼ TL Chilipulver
- ½ TL Tomatenmark
- 80 ml Gemüsebrühe
- 2 EL frisch gehacktes Koriandergrün
- 225 g Ziegenfrischkäse

1. Den Backofen auf 190 °C verteilen. Die Paprikas längs halbieren, dabei die Stängel ganz lassen. Die Paprika entkernen, mit Öl bestreichen und mit der Schnittseite nach unten in eine Auflaufform legen. 10 Minuten im Backofen garen, bis sie weich sind, aber noch nicht einfallen.

2. Für die Füllung Quinoa, Linsen, Mais, Kreuzkümmel, beide Chilipulver, Tomatenmark, Brühe, Koriandergrün und die Hälfte des Ziegenkäses in einer großen Schüssel vermengen.

3. Die Füllung gleichmäßig auf die gerösteten Paprikahälften verteilen und den restlichen Ziegenkäse darauf geben. 15 Minuten im Ofen überbacken, bis die Füllung durch und durch heißt ist, und sofort servieren.

FÜR VEGANER Statt Ziegenkäse eine vegane Käsesorte verwenden.

LIEBER NICHT VEGETARISCH? Zur Quinoamischung 125 g gegartes und in Würfel geschnittenes Hähnchenfleisch geben.

Nährwerte pro Portion
Brennwert 290 kcal | Fett 11 g | davon gesättigte Fette 4,5 g | Cholesterin 15 mg | Natrium 150 mg | Kohlenhydrate 38 g | Ballaststoffe 7 g | Zucker 1 g | Proteine 14 g

KICHERERBSEN-SOCCA

MIT OLIVEN-KRÄUTER-SALAT

Socca nennt man in Südfrankreich Pfannkuchen aus Kichererbsenmehl. Ihr milder Nussgeschmack passt perfekt zu den frischen Kräutern und Aromen des Salats.

ERGIBT 2 STÜCK ▪ VORBEREITUNG 5 MIN, PLUS 1 STD TEIGRUHE ▪ GARZEIT 15 MIN

100 g Kichererbsenmehl
1 TL Rauchpaprika
1 Msp. Knoblauchpulver
Salz
3 EL Olivenöl
50 g Rucola
1 große Handvoll glatte Petersilie
1 kleine Handvoll Basilikum
50 g grüne Oliven, entsteint und halbiert
Saft von 1 Zitrone
Frisch gemahlener schwarzer Pfeffer

1. Für den Teig Kichererbsenmehl, Rauchpaprika, Knoblauchpulver, 1 Prise Salz, 2 Esslöffel Öl und 250 ml Wasser in einer Schüssel gut verrühren. Bei Zimmertemperatur 1 Stunde ruhen lassen.

2. Den Gitterrost auf die mittlere Einschubleiste des Backofens setzen, zwei gusseiserne oder ofenfeste Pfannen (20 cm ø) daraufstellen. Den Backofen auf 230 °C vorheizen – die Pfannen werden im Ofen aufgeheizt.

3. Die heißen Pfannen aus dem Ofen nehmen. In jede Pfanne ½ Esslöffel Öl geben und durch Schwenken der Pfanne verteilen. Den Teig gleichmäßig in die Pfannen verteilen. Im Ofen 8 Minuten backen, dann den Backofengrill auf die niedrigste Stufe stellen und die Pfannkuchen weitere 2 Minuten backen. Aus dem Ofen nehmen und 1–2 Minuten ruhen lassen.

4. In der Zwischenzeit den Salat zubereiten: Rucola, Kräuter, Oliven und Zitronensaft vermengen. Mit Salz und Pfeffer abschmecken. Die Socca auf Servierteller geben, den Salat darauf anrichten und sofort servieren.

LIEBER NICHT VEGETARISCH? Gehaltvoller wird das Gericht, wenn Sie auf jede Socca ein gegrilltes, in Streifen geschnittenes Steak legen.

Nährwerte pro Pfannkuchen
Brennwert 403 kcal | Fett 26 g | davon gesättigte Fette 3,5 g | Cholesterin 0 mg | Natrium 237 mg | Kohlenhydrate 32 g | Ballaststoffe 7 g | Zucker 6 g | Proteine 12 g

SPAGHETTIKÜRBIS
MIT LINSEN-WALNUSS-FÜLLUNG

Der Spaghettikürbis liefert gesunde komplexe Kohlenhydrate und ist eine wertvolle Alternative zu Pasta. Die leckere Füllung wird direkt in den Kürbishälften serviert.

FÜR 2 PORTIONEN ▪ VORBEREITUNG 25 MIN ▪ GARZEIT 45 MIN

1 Spaghettikürbis

2 EL Olivenöl

260 g gegarte grüne oder Puy-Linsen

60 g Walnüsse, geröstet und grob gehackt

1 EL frische Thymianblättchen

Abgeriebene Schale von 1 Zitrone (bio)

Salz und frisch gemahlener schwarzer Pfeffer

115 g Ziegenfrischkäse

1. Den Backofen auf 190 °C vorheizen. Den Spaghettikürbis längs halbieren und mit einem Löffel die Kerne herausschaben. Jede Hälfte mit 1 Esslöffel Öl bestreichen. Die Kürbishälften mit der Schnittseite nach unten auf ein Backblech setzen und 30–35 Minuten backen, bis das Fruchtfleisch gar, aber noch bissfest ist.

2. In der Zwischenzeit in einer Schüssel Linsen, Walnüsse, Thymian und Zitronenschale mischen. Beiseitestellen.

3. Das Kürbisfruchtfleisch mit einer Gabel auflockern, sodass es an Spaghetti erinnert. Mit Salz und Pfeffer würzen. Die Linsenmasse in die beiden Kürbishälften füllen und den Ziegenkäse darauf verteilen. Weitere 10–15 Minuten im Ofen backen, bis die Linsen heiß sind und der Käse sehr weich ist. Sofort in den Kürbishälften servieren.

LIEBER NICHT VEGETARISCH? Für die Füllung nur 175 g Linsen und zusätzlich 130 g gebratenes Geflügelhack verwenden.

Nährwerte pro Portion
Brennwert 700 kcal | Fett 46 g | davon gesättigte Fette 12 g | Cholesterin 25 mg | Natrium 610 mg | Kohlenhydrate 51 g | Ballaststoffe 17 g | Zucker 11 g | Proteine 30 g

STRAUCHERBSEN UNTER DER HAUBE

Das Ofengericht besticht durch die einzigartigen Aromen indisch gewürzter Kartoffeln und Erbsen. Die Haube aus Filoteig erinnert an Samosas – kleine Teigtaschen mit ebendieser Füllung.

FÜR 8 PORTIONEN ▪ VORBEREITUNG 30 MIN ▪ GARZEIT 50 MIN

550 g Kartoffeln, geschält und gewürfelt
Salz
115 g Erbsen (TK), aufgetaut
3 EL Ghee
1 kleine Zwiebel, gewürfelt
1 kleine grüne Chili, entkernt und fein gehackt
¼ TL gemahlener Ingwer
¼ TL gemahlener Koriander
¾ TL Garam Masala
1 TL gemahlener Kreuzkümmel
¼ TL gemahlene Kurkuma
¼ TL Cayennepfeffer
¾ TL Currypulver
75 g gegarte Straucherbsen oder Augenbohnen
80 ml Gemüsebrühe
1 EL frisch gehacktes Koriandergrün
Schwarzer Pfeffer
4 Blätter Filoteig (Yufka, Strudelteig)

1. Den Backofen auf 180 °C vorheizen. Eine runde Auflaufform (23 cm ø) leicht einfetten.

2. Wasser in einem großen Topf zum Kochen bringen, dann salzen. Die Kartoffeln darin 8–10 Minuten gar kochen. In der Zwischenzeit die Erbsen in ein Sieb geben. Wenn die Kartoffeln gar sind, das heiße Kochwasser über den Erbsen abgießen, die Kartoffeln zu den Erbsen ins Sieb geben und abtropfen lassen.

3. In einer großen Pfanne 2 Esslöffel Ghee erhitzen. Zwiebel und Chili darin bei mittlerer bis schwacher Hitze 2–3 Minuten dünsten. Ingwer, Koriander, Garam Masala, Kreuzkümmel, Kurkuma, Cayennepfeffer, Curry und 1 Esslöffel Wasser unterrühren und 1 Minute durchwärmen.

4. Kartoffeln, Erbsen, Straucherbsen (oder Augenbohnen), Brühe, Koriandergrün und den verbliebenen Esslöffel Ghee zufügen und gut umrühren. Mit Salz und Pfeffer abschmecken und Pfanne vom Herd nehmen.

5. Die Mischung in die vorbereitete Auflaufform füllen. Den Filoteig behutsam wie Papier zerknüllen und darauflegen. Leicht andrücken. 20–25 Minuten backen, bis der Teig knusprig und goldbraun ist. Sofort servieren.

LIEBER NICHT VEGETARISCH? In Schritt 4 mit den Erbsen 125 g angebratenes, gewürztes Lammhack zugeben.

AUCH LECKER Vor dem Backen den Teig mit grob zerstoßenen Kreuzkümmelsamen bestreuen.

Nährwerte pro Portion
Brennwert 150 kcal | Fett 4,5 g | davon gesättigte Fette 2,5 g | Cholesterin 5 mg | Natrium 75 mg | Kohlenhydrate 25 g | Ballaststoffe 3 g | Zucker 2 g | Proteine 4 g

SHEPHERD'S PIE MIT SÜSSKARTOFFELN

Süßkartoffeln passen sehr gut zu dieser Variante des englischen Klassikers mit indischen Gewürzen.

FÜR 6 PORTIONEN ▪ VORBEREITUNG 35 MIN ▪ GARZEIT 55 MIN

3 Süßkartoffeln
80 g Sahne
Salz und frisch gemahlener schwarzer Pfeffer
2 EL Ghee
1 Zwiebel, gehackt
1 Knoblauchzehe, fein gehackt
700 g gegarte braune Linsen
1 EL gemahlener Kreuzkümmel
1 EL Garam Masala
2 TL Currypulver
1 TL gemahlene Kurkuma
400 ml Gemüsebrühe
2 EL frisch gehacktes Koriandergrün
50 g Panko oder herkömmliche Semmelbrösel

1. Den Backofen auf 190 °C vorheizen. 1,5 Liter Wasser in einem Topf aufkochen. Die Süßkartoffeln schälen, würfeln und in dem kochenden Wasser 15–20 Minuten garen. Gut abtropfen lassen, dann in eine Schüssel füllen. Mit einem Kartoffelstampfer fein zerdrücken. Die Sahne unterrühren und mit Salz und Pfeffer abschmecken.

2. In der Zwischenzeit das Ghee in einer großen Pfanne erhitzen. Die Zwiebel darin bei mittlerer Hitze 2 Minuten glasig dünsten. Den Knoblauch zugeben und 1 Minute mitgaren.

3. Linsen, Kreuzkümmel, Garam Masala, Curry und Kurkuma unterrühren und 1–2 Minuten erhitzen. Die Brühe zugießen und 5 Minuten kochen, dann das Koriandergrün unterrühren.

4. Die Linsenmischung gleichmäßig in einer Auflaufform (23 × 30 cm) verteilen und leicht andrücken. Die pürierten Süßkartoffeln darauf verstreichen und 15 Minuten im vorgeheizten Ofen backen. Mit Panko bestreuen und weitere 10 Minuten backen, bis die Oberfläche leicht gebräunt ist. Vor dem Servieren 10 Minuten abkühlen lassen.

LIEBER NICHT VEGETARISCH? Für eine dem Original ähnlichere Variante nur die Hälfte Linsen verwenden und zusätzlich 450 g Lammhack in Schritt 2 mit der Zwiebel zugeben, würzen und anbraten.

Nährwerte pro Portion
Brennwert 310 kcal | Fett 8 g | davon gesättigte Fette 4 g | Cholesterin 20 mg | Natrium 90 mg | Kohlenhydrate 47 g | Ballaststoffe 13 g | Zucker 7 g | Proteine 14 g

CASSOULET MIT KIDNEYBOHNEN

Das Topping bildet bei diesem Hauptgericht einen knusprigen Kontrast zu den butterweichen Bohnen.

FÜR 4 PORTIONEN ▪ VORBEREITUNG 20 MIN ▪ GARZEIT 1 STD

2 EL Olivenöl

1 kleine Zwiebel, gewürfelt

1 Möhre, gewürfelt

1 Selleriestange, gewürfelt

2 Knoblauchzehen, fein gehackt

3 Zweige Thymian

1 Lorbeerblatt

1 Prise Chiliflocken

500 g gegarte Kidneybohnen

175 g passierte Tomaten

180 ml Gemüsebrühe

Salz und frisch gemahlener schwarzer Pfeffer

70 g Panko oder herkömmliche Semmelbrösel

1 EL frisch gehackte glatte Petersilie

1. Den Backofen auf 200 °C vorheizen. Eine Auflaufform (2 l Fassungsvermögen) leicht einfetten.

2. Das Öl in einem großen Topf erhitzen. Zwiebel, Möhre und Sellerie darin bei mittlerer bis schwacher Hitze 2–3 Minuten andünsten. Den Knoblauch zugeben und 1 Minute mitgaren.

3. Thymian, Lorbeer, Chiliflocken, Bohnen, passierte Tomaten und Brühe zugeben und abgedeckt 20 Minuten köcheln lassen.

4. Lorbeerblatt und Thymian entfernen. Etwa 120 ml der Bohnenmischung im Mixer glatt pürieren. Wieder in den Topf geben und verrühren. Mit Salz und Pfeffer abschmecken und in der ofenfesten Form verteilen.

5. Für das Topping in einer kleinen Schüssel Semmelbrösel und Petersilie vermengen. Gleichmäßig auf der Bohnenmischung verteilen. Im Ofen 20 Minuten backen, bis die Kruste goldbraun ist. Sofort servieren.

Nährwerte pro Portion
Brennwert 330 kcal | Fett 8 g | davon gesättigte Fette 1 g | Cholesterin 0 mg | Natrium 95 mg | Kohlenhydrate 51 g | Ballaststoffe 14 g | Zucker 5 g | Proteine 16 g

DESSERTS

BROWNIES OHNE MEHL

Diese Brownies kommen ganz ohne Mehl aus und schmecken wunderbar saftig, leicht und lecker.

ERGIBT 12 STÜCKE ▪ VORBEREITUNG 15 MIN ▪ GARZEIT 1 STD

350 g gegarte schwarze Bohnen
120 ml Agavensirup
60 g Kokosöl
1 TL Vanilleextrakt
Abgeriebene Schale von 1 Orange (bio)
¼ TL Salz
75 g Zucker
60 g Kakaopulver (ungesüßt)
½ TL Backpulver
3 große Eier, verquirlt
90 g zartbittere Schokoladentropfen

1. Den Backofen auf 180 °C vorheizen. Eine Backform (28 × 18 cm) leicht einfetten. Schwarze Bohnen, Agavensirup, Kokosöl, Vanilleextrakt und Orangenschale in einem Mixer pürieren.

2. In einer großen Schüssel Salz, Zucker und Kakaopulver vermengen. Backpulver, Bohnenmischung und Eier zugeben und unterrühren.

3. Vorsichtig und zügig die Schokoladentropfen unterheben.

4. Den Teig in die Backform füllen und 30–35 Minuten backen, bis er sich vom Formrand löst und bis an einem mittig eingestochenen Holzstäbchen kein Teig mehr haften bleibt. Aus dem Ofen nehmen, 15–20 Minuten abkühlen lassen, dann in 12 Stücke schneiden und servieren.

FÜR VEGANER Die Eier durch 200 g ungesüßtes Apfelmus ersetzen.

Nährwerte pro Stück
Brennwert 170 kcal | Fett 10 g | davon gesättigte Fette 7 g | Cholesterin 45 mg | Natrium 65 mg | Kohlenhydrate 18 g | Ballaststoffe 5 g | Zucker 7 g | Proteine 5 g

BAKLAVA MIT LINSEN

Nichts schmeckt so wie Baklava – ein sirupgetränkter Kuchen aus knusprigem Yufkateig mit Nüssen und Honig. Braune Linsen liefern bei diesem leckeren Dessert zusätzliche Nährstoffe.

ERGIBT 24 STÜCK ▪ VORBEREITUNG 1 STD ▪ GARZEIT 1 STD

200 g Zucker
80 g Honig
3 Zweige Thymian
Schale und Saft von 1 großen Orange (bio)
225 g gehackte Pistazien
225 g gehackte Walnüsse
350 g gegarte braune Linsen
1½ TL gemahlener Zimt
¾ TL gemahlener Kardamom
1 Prise Salz
250 g Butter, zerlassen
450 g Yufkablätter

1. Für den Sirup 50 g Zucker, den Honig und 180 ml Wasser in einem kleinen Topf aufkochen. Unter Rühren sanft köcheln lassen, bis der Zucker sich aufgelöst hat. Thymian, Orangensaft und Orangenschale zugeben und bei mittlerer bis schwacher Hitze 10 Minuten köcheln lassen, bis der Sirup eindickt. Orangenschale und Thymian entfernen, eventuell absieben. Den Sirup abkühlen lassen.

2. Inzwischen in einer Schüssel Pistazien, Walnüsse, Linsen, Zimt, Kardamom, die verbliebenen 150 g Zucker und Salz mischen.

3. Den Backofen auf 175 °C vorheizen. Boden und Ränder einer Backform (23 × 30 cm) mit zerlassener Butter bestreichen. Den Yufkateig passend zur Form zuschneiden und immer wieder mit einem feuchten Küchenhandtuch abdecken, damit er nicht trocken wird und bricht.

4. ¼ der Yufkablätter auf den Boden der Form legen, dabei jede Lage dünn mit Butter bestreichen. Etwa ⅓ der Nussmischung gleichmäßig darauf verteilen. Den Vorgang zweimal wiederholen, sodass drei Yufka-Nuss-Schichten entstehen.

5. Als letzte Schicht das verbliebene Viertel Yufkablätter auflegen und mit reichlich zerlassener Butter bestreichen. Mit einem spitzen Messer den Teig rautenförmig einritzen, sodass 24 Stücke markiert werden.

6. Das Baklava 40–45 Minuten goldbraun backen, dann herausnehmen und 5 Minuten abkühlen lassen. Die Markierungen nun bis zum Boden durchschneiden. Mit dem Sirup beträufeln und vollständig abkühlen lassen. Abgedeckt 3 Stunden oder über Nacht im Kühlschrank ziehen lassen. Luftdicht verpackt bis zu drei Tage im Kühlschrank haltbar.

Nährwerte pro Stück
Brennwert 260 kcal | Fett 16 g | davon gesättigte Fette 6 g | Cholesterin 20 mg | Natrium 125 mg | Kohlenhydrate 26 g | Ballaststoffe 3 g | Zucker 13 g | Proteine 5 g

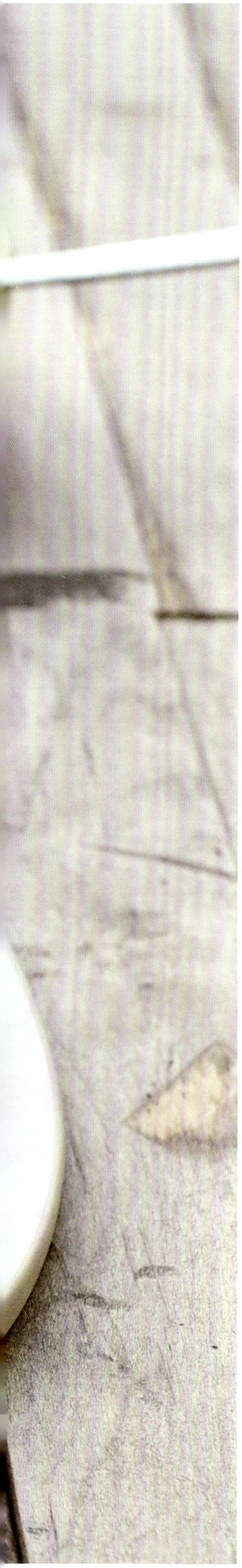

SCHOKOPUDDING MIT ADZUKIBOHNEN

Dieser Schokoladenpudding mit Nussaroma schmeckt so intensiv, dass eine kleine Portion genügt. Garniert wird er mit frischen Himbeeren.

FÜR 6 PORTIONEN ▪ VORBEREITUNG 10 MIN ▪ GARZEIT 20 MIN

3 EL Maisstärke
180 g gegarte Adzukibohnen
240 ml Mandeldrink (ungesüßt)
2 TL Vanilleextrakt
60 ml Agavensirup
30 g Kakaopulver (ungesüßt)
6 Himbeeren zum Garnieren

1. Stärke und 2 Esslöffel Wasser in einer kleinen Schüssel verrühren. Beiseitestellen.

2. Adzukibohnen mit 80 ml Wasser und 120 ml Mandeldrink im Mixer glatt pürieren.

3. Die verbliebenen 120 ml Mandeldrink mit Vanilleextrakt, Agavensirup, Kakao und den pürierten Bohnen in einem kleinen Topf glatt rühren.

4. Die angerührte Stärke zugeben und unter ständigem Rühren bei schwacher Hitze 8–10 Minuten leicht köcheln lassen. Den Topf vom Herd nehmen und 10 Minuten ruhen lassen.

5. Den Pudding in sechs Gläser füllen und abgedeckt komplett abkühlen lassen. Vor dem Servieren jeden Pudding mit einer Himbeere garnieren.

Nährwerte pro Portion
Brennwert 110 kcal | Fett 1,5 g | davon gesättigte Fette 0,5 g | Cholesterin 0 mg | Natrium 35 mg | Kohlenhydrate 24 g | Ballaststoffe 5 g | Zucker 10 g | Proteine 4 g

BISCOTTI MIT CRANBERRYS & PISTAZIEN

Biscotti – das italienische Wort für Plätzchen – werden zweimal gebacken, sind also eigentlich Zwieback. Diese sind mit Cranberrys und Pistazien verfeinert.

ERGIBT 12 STÜCK ▪ VORBEREITUNG 25 MIN ▪ GARZEIT 1 STD 20 MIN

175 g Kichererbsenmehl
1 TL Backpulver
60 g Kokosöl, leicht erwärmt
150 g Zucker
2 TL Vanilleextrakt
2 große Eier
Abgeriebene Schale von 1 Orange (bio)
1 Prise frisch geriebene Muskatnuss
75 g getrocknete Cranberrys
100 g Pistazienkerne, grob gehackt

1. Den Backofen auf 150 °C vorheizen. Ein Backblech mit Backpapier auslegen. Das Kichererbsenmehl in einer großen Schüssel mit dem Backpulver mischen.

2. Kokosöl, Zucker, Vanilleextrakt, Eier, Orangenschale und Muskatnuss in einer Schüssel verrühren. Zur Mehlmischung geben und alles zu einem glatten Teig verarbeiten. Behutsam und zügig Cranberrys und Pistazien unterheben.

3. Den Teig auf dem Backblech zu einem 3 cm dicken Rechteck verstreichen. Etwa 35 Minuten backen, bis der Teig leicht gebräunt und in der Mitte fest ist. Aus dem Ofen nehmen und 15–20 Minuten abkühlen lassen.

4. Das Backpapier auf die Arbeitsfläche ziehen und den Teig in zwölf Streifen schneiden. Das Backpapier wieder aufs Backblech ziehen, dann die Streifen so drehen, dass sie auf einer Schnittfläche liegen, und weitere 20 Minuten backen. Vor dem Servieren vollständig abkühlen lassen. Luftdicht verpackt halten sie sich bis zu einer Woche.

AUCH LECKER Statt Vanilleextrakt und Pistazien können Sie auch Mandeln und Mandelaroma oder Amaretto verwenden.

Nährwerte pro Stück
Brennwert 180 kcal | Fett 7 g | davon gesättigte Fette 4,5 g | Cholesterin 30 mg | Natrium 20 mg | Kohlenhydrate 25 g | Ballaststoffe 2 g | Zucker 17 g | Proteine 4 g

KICHERERBSEN-ERDNUSS-COOKIES

Kinderleicht gemacht mit nur sechs Zutaten, und dabei gesund und glutenfrei: Die gibt es jetzt öfter!

ERGIBT 20 STÜCK ▪ VORBEREITUNG 45 MIN ▪ GARZEIT 15 MIN

125 g gegarte Kichererbsen
125 g Erdnussmus ohne Stückchen
1 großes Ei, leicht verquirlt
1 TL Vanilleextrakt
100 g Zucker
¾ EL Agavensirup

1. Den Backofen auf 180 °C vorheizen. Die Kichererbsen in einem Mixer zu grob zerkleinern. In eine Rührschüssel geben.

2. Erdnussmus, Ei, Vanillemark, Zucker und Agavensirup zugeben und unterrühren. 30 Minuten in den Kühlschrank stellen.

3. Ein Backblech mit Backpapier belegen. 1 Esslöffel Teig abnehmen, zu einem Bällchen rollen und auf das Backblech setzen. Das Bällchen mit einem Spatel etwas flach drücken. Den restlichen Teig ebenso verarbeiten, sodass 20 Cookies entstehen.

4. 7 Minuten backen, dann das Blech um 180 Grad drehen und weitere 7–8 Minuten backen. Abkühlen lassen, dann vom Blech nehmen. Luftdicht verpackt halten sich die Plätzchen mindestens eine Woche.

Nährwerte pro Stück
Brennwert 80 kcal | Fett 3,5 g | davon gesättigte Fette 1 g | Cholesterin 10 mg | Natrium 5 mg | Kohlenhydrate 9 g | Ballaststoffe 1 g | Zucker 7 g | Proteine 3 g

ERDBEER-CRUMBLE MIT GRÜNEN LINSEN

Fruchtige Erdbeeren passen hervorragend zum süßen, knusprigen Topping. Doch dieser Crumble schmeckt nicht nur mit Beeren. Sie können dafür alle Obstsorten nehmen, die gerade Saison haben.

FÜR 6 PORTIONEN ▪ VORBEREITUNG 30 MIN ▪ GARZEIT 1 STD 10 MIN

175 g gegarte grüne Linsen
675 g Erdbeeren, geputzt und geviertelt
2 EL Vollrohrzucker
3 TL Vanilleextrakt
1 EL Speisestärke
110 g Vollkornmehl
75 g gehackte Mandeln
30 g Haferflocken
75 g Zucker
1½ TL gemahlener Zimt
120 g Butter, zerlassen

1. Den Backofen auf 180 °C vorheizen. Die Linsen auf einem Backblech verteilen und 20 Minuten knusprig rösten.

2. In einer Auflaufform (20 × 30 cm) Erdbeeren, Vollrohrzucker, Vanilleextrakt und Speisestärke mischen und gleichmäßig in der Form verteilen.

3. Für die Streusel in einer großen Schüssel Linsen, Vollkornmehl, Mandeln, Haferflocken, Zucker und Zimt mischen. Mit der zerlassenen Butter übergießen und alles gut vermengen. Das Topping auf den Erdbeeren verteilen.

4. Etwa 40 Minuten backen, bis die Erdbeermasse Blasen wirft und das Topping goldbraun ist. Vor dem Servieren 15–20 Minuten abkühlen lassen.

Nährwerte pro Portion
Brennwert 450 kcal | Fett 23 g | davon gesättigte Fette 10 g | Cholesterin 40 mg | Natrium 0 mg | Kohlenhydrate 54 g | Ballaststoffe 9 g | Zucker 25 g | Proteine 9 g

BOHNEN-CRÊPES
MIT APRIKOSENSAUCE

Wer Gäste beeindrucken will, serviert Crêpes. Das nussige Aroma passt gut zur fruchtigen Sauce.

ERGIBT 12 STÜCK ▪ VORBEREITUNG 30 MIN ▪ GARZEIT 50 MIN

250 g frische Aprikosen, entsteint und grob gehackt
3 EL Honig
Saft und abgeriebene Schale von 1 Orange (bio)
2½ EL Vanilleextrakt
½ EL Orangenmarmelade
140 g weißes Bohnenmehl
2½ EL Zucker
1 TL gemahlener Zimt
2 EL Pflanzenöl
240 ml Mandeldrink (ungesüßt)
2 große Eier
60 g gehackte Haselnüsse oder Mandeln, geröstet
Geröstete Kokosraspel zum Garnieren

1. Für die Sauce Aprikosen, Honig, Orangensaft, ½ Esslöffel Vanilleextrakt, Marmelade und 60 ml Wasser in einem Topf zum Kochen bringen, dann die Temperatur reduzieren und abgedeckt 20 Minuten offen köcheln lassen. Gelegentlich umrühren. Abkühlen lassen und in einem Mixer glatt pürieren.

2. Für den Crêpeteig in einer großen Schüssel Bohnenmehl, Zucker und Zimt mischen. In einer zweiten Schüssel Öl, 120 ml Wasser, Mandeldrink, die verbliebenen 2 Esslöffel Vanilleextrakt, Eier und Orangenschale verquirlen. Die Eiermischung zur Mehlmischung geben und alles zu einem glatten Teig verrühren.

3. Eine kleine Pfanne erhitzen. 4 Esslöffel Teig hineingeben und die Pfanne leicht schwenken, damit der Teig sich verteilt. Die Crêpe bei mittlerer Hitze 1–2 Minuten backen, bis sie sich vom Rand löst. Wenden und weitere 1–2 Minuten backen. Auf diese Weise 12 Crêpes zubereiten.

4. Die Crêpes aufrollen und auf Tellern anrichten. Die Aprikosensauce darauf verteilen, mit Nüssen und Kokosraspeln bestreuen und servieren.

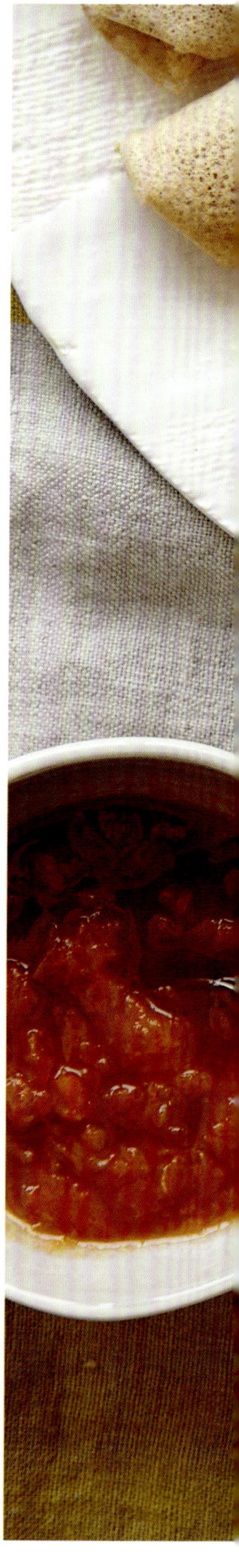

Nährwerte pro Crêpe
Brennwert 130 kcal | Fett 5 g | davon gesättigte Fette 2 g | Cholesterin 30 mg | Natrium 25 mg | Kohlenhydrate 25 g | Ballaststoffe 4 g | Zucker 10 g | Proteine 4 g

BEEREN-LIMETTEN-EIS MIT MUNGOBOHNEN

Dieses erfrischende, säuerliche Eis ist genau richtig für heiße Sommertage. Kalorien? Nicht der Rede wert!

ERGIBT 10 STÜCK ▪ VORBEREITUNG 20 MIN, PLUS 6 STD GEFRIERZEIT

250 g Heidelbeeren
250 g Brombeeren
60 g gegarte Mungobohnen
3 EL Limettensaft
80 ml Agavensirup

1. Blaubeeren, Brombeeren, Mungobohnen, Limettensaft und Agavensirup mit 80 ml Wasser im Mixer oder in der Küchenmaschine glatt pürieren.

2. Die Masse durch ein feines Sieb passieren, um die Kerne zu entfernen. Dabei so viel Flüssigkeit wie möglich ausstreichen.

3. Zehn Eisformen mit der Flüssigkeit füllen und jeweils einen Stiel einsetzen.

4. Mindestens 6 Stunden oder über Nacht einfrieren, dann servieren.

Nährwerte pro Stück
Brennwert 45 kcal | Fett 0 g | davon gesättigte Fette 0 g | Cholesterin 0 mg | Natrium 0 mg | Kohlenhydrate 11 g | Ballaststoffe 2 g | Zucker 7 g | Proteine 1 g

REGISTER

C

D

E

I

K

L

M

O

DANK

DIE AUTORIN

Tami Hardeman ist als Foodstylistin für verschiedene Printmedien und Videoplattformen tätig. Ihre Arbeiten finden sich in zahlreichen Magazinen, Kochbüchern und als Werbebotschaften. Sie entwickelt Rezepte und ist Autorin des international bekannten Foodblogs *Running with Tweezers*. Ihre Rezepte und Fotos wurden unter anderem auf *CNN*, in *The Huffington Post* und in *Saveur* präsentiert.

DANK

Vielen Dank an Alexandra Elliott und das ganze Team von DK Alpha für ihr Vertrauen, ihre Geduld und ihre Hilfe. Herzlichen Dank auch an Helene Dujardin, Rachael Daylong und Abby Gaskins, die den Rezepten mit den Fotos Leben eingehaucht haben. Ich danke meiner Familie und meinen Freunden, die mich immer unterstützt haben. Nichts wäre in meinem Leben und in meinem Beruf möglich, auch nicht dieses Buch, ohne die Liebe und Unterstützung meines Ehemanns Mike Boutté. Ich liebe dich, Boop. Dieses Buch ist Philis gewidmet.

NOCH MEHR REZEPTE
ZUM GENIESSEN UND WOHLFÜHLEN

ISBN 978-3-8310-5034-5

ISBN 978-3-8310-4636-2

ISBN 978-3-8310-4796-3